Geschlecht und Differenz

PERSPEKTIVEN DEUTSCH-JÜDISCHER GESCHICHTE

herausgegeben von Rainer Liedtke und Stefanie Schüler-Springorum

Perspektiven deutsch-jüdischer Geschichte vermittelt in sieben Bänden einen umfassenden, thematisch organisierten Überblick über die historische Erfahrung der Juden im deutschen Sprachraum vom 18. Jahrhundert bis zur Gegenwart. Jeder der chronologisch aufgebauten Teilbände ist in sich abgeschlossen und befasst sich mit einem grundlegenden Aspekt der deutsch-jüdischen Geschichte, die immer als integraler Bestandteil der allgemeinen Geschichte betrachtet wird. Die Reihe richtet sich an ein breites, historisch interessiertes Lesepublikum, reflektiert den aktuellen Stand der wissenschaftlichen Forschung, setzt jedoch keine Spezialkenntnisse zur jüdischen Geschichte voraus. Initiiert und gefördert wurde das von den Herausgebern und Autorinnen und Autoren in enger Kooperation entwickelte Gesamtprojekt von der Wissenschaftlichen Arbeitsgemeinschaft des Leo Baeck Instituts.

Stefanie Schüler-Springorum

Geschlecht und Differenz

Ferdinand Schöningh

Die Autorin:
Stefanie Schüler-Springorum, Prof. Dr., geb. 1962, Leiterin des Zentrums für Antisemitismusforschung an der TU Berlin.

Bibliografische Information der Deutschen Nationalbibliothek

Die Deutsche Nationalbibliothek verzeichnet diese Publikation in der Deutschen Nationalbibliografie; detaillierte bibliografische Daten sind im Internet über http://dnb.d-nb.de abrufbar.

Printed in Germany
Herstellung: Ferdinand Schöningh, Paderborn
Einbandgestaltung: Evelyn Ziegler, München

ISBN 978-3-506-77131-5

Inhalt

Für Marion A. Kaplan

Einleitung

Aus geschlechtergeschichtlicher Sicht begann der Aufbruch in die Moderne für die deutschen Juden mit einer Reihe von Skandalen in der Oberschicht: Plötzlich, so schien es, und animiert durch »neumodische« Diskussionen um ein »aufgeklärtes« oder aufzuklärendes Judentum kamen junge Frauen aus den besten Familien vom rechten Weg ab, beachteten die Religionsgesetze nicht mehr, führten ein durch und durch unsittliches Leben, fielen am Ende ganz ab vom rechten Glauben und verließen die Religionsgemeinschaft ihrer Vorfahren.

Nehmen wir eines der bekanntesten Beispiele: Im Alter von vierzehn Jahren wird die junge Brendel (1764-1839), Tochter aus gutem jüdischen Haus, mit einem älteren Bankier verlobt und mit neunzehn verehelicht. Diese klare elterliche Entscheidung steht in deutlichem Gegensatz zu ihrer sonstigen progressiven Erziehung, der sie eine für die damalige Zeit wohl ziemlich einmalige Bildung verdankt: Zusammen mit ihren jüngeren Brüdern und den beiden Brüdern Humboldt wird sie vom Vater selbst unterrichtet, und dies ist kein geringerer als Moses Mendelssohn (1729-1786). Vermutlich war es für den großen jüdischen Gelehrten überhaupt nicht vorstellbar, dass sich eine gut ausgebildete, interessierte und intelligente junge Frau in der Ehe mit einem ungeliebten Mann langweilen könnte, ja unglücklich werden würde. Mendelssohn starb 1786 in dem Glauben, seine älteste Tochter bestens verheiratet zu haben. Dies war jedoch von Anfang an keineswegs der Fall gewesen. Immerhin ließ ihr Mann, mit dem sie zwei überlebende Söhne hatte, ihr vergleichsweise viel Freiheit, so dass sich die junge Frau in das Berliner Salonleben stürzen konnte, das zu diesem Zeitpunkt schon von den jungen Romantikern dominiert wurde. Der romantischste und wildeste von allen, der acht Jahre jüngere Friedrich Schlegel (1772-1829), wurde ihr Liebhaber. Ein Jahr, nachdem sie sich kennen gelernt hatten, bat Dorothea, wie sich Brendel inzwischen nannte, ihren Mann um den Scheidungsbrief und lebte fortan in wilder Ehe mit Schlegel. Dieser verarbeitete den stürmisch-erotischen Beginn ihrer Beziehung in seinem berühmten Roman *Lucinde*, der aufgrund seiner Freizügigkeit einen Skandal hervorrief. Sie folgte ihrem Geliebten erst nach Jena, dann nach Paris und Köln. Im Jahre 1804 heiratete das Paar, nachdem sich die Tochter Mendelssohns hatte protestantisch taufen lassen. 1808 traten beide zum Katholizismus über. Ihre Mutter, Fromet Mendelssohn (1737–1812) starb 1812, ohne ihrer Tochter all dies verziehen zu haben. Von den sechs Mendelssohn-Kindern wurden zwei katholisch, zwei protestantisch, zwei blieben jüdisch – und dennoch: Der Skandal, das öffentliche Ärgernis und letztlich die Verachtung der jüdischen Geschichtsschreibung haben sich jahrelang auf Brendel-Dorothea konzentriert, bis die Salondamen dann von der nichtjüdisch-deutschen Frauenbewegung als Vorbilder für autonome, selbstbestimmte weibliche Lebenswege wieder entdeckt wurden.

Was es mit diesen unterschiedlichen Bildern auf sich hat, soll später thematisiert werden, zunächst einmal geht es hier um die Feststellung, dass die als Krisen erlebten Modernisierungsschübe der neueren deutsch-jüdischen Geschichte in hohem Maße geschlechtskonnotiert aufgeladen, erfahren und verarbeitet wurden. Aber was genau war daran krisenhaft und warum? Wie gestalteten sich diese Modernisierungsschübe für beide Geschlechter, welche Folgen hatte z.B. der für das 19. Jahrhundert so zentrale Prozess der Verbürgerlichung der deutschen Juden, aber auch die Diskriminierung und Verfolgung im 20. Jahrhundert für die Geschlechterbilder und Geschlechterhierarchien – oder anders ausgedrückt: Inwiefern waren Einbindung, Erfahrung und Verarbeitung dieser Prozesse unterschiedlich für jüdische Männer und Frauen?

Um dies zu verstehen, muss man zunächst die Vorbedingungen betrachten, vor deren Hintergrund der vielfach beschriebene »Aufbruch in die Moderne« stattfand. Dabei ist zunächst einmal ganz allgemein festzustellen, dass es *die* deutsch-jüdische Vormoderne als eine über Jahrhunderte hinweg statische, von der christlichen Umwelt abgeschottete, kulturell weitgehend stagnierende Welt in dieser eindeutigen Form nie gegeben hat. Wie die neuere Forschung vielfach belegt, scheint dieses Bild vor allem späteren

Generationen dazu gedient zu haben, die um 1750 einsetzenden, durchaus massiven Veränderungen möglichst dramatisch hervortreten zu lassen. Es sollte also – unabhängig davon, wie man dies im Einzelnen bewertete – der Bruch betont werden statt der Kontinuität, ganz so, wie das Bild der abtrünnigen Mendelssohntochter suggeriert. Die traditionelle jüdische Frau war natürlich deren genaues Gegenteil: treu ergeben gegenüber Eltern und Ehemann, fleißig, fromm und familienorientiert. Dass dieses Idealbild wenig mit der Realität zu tun hatte, muss nicht gesondert erwähnt werden – umso mehr lohnt es sich, zunächst einen Blick auf die Geschlechterverhältnisse der Frühen Neuzeit zu werfen, die nicht nur differenzierter waren als die normativen Postulate Glauben machen, sondern die sich auch in einigen markanten Punkten deutlich von denen der christlichen Umgebung unterschieden.

Vor der Emanzipation

Nach den großen Vertreibungen im 14. und 15. Jahrhundert hatten sich Juden in Deutschland erst nach und nach wieder ansiedeln können, vor allem in ländlichen Gegenden und hier besonders in den herrschaftlich stark zersplitterten mittleren und südwestlichen Gebieten des Alten Reiches. Von den 60.000 bis 70.000 Juden lebten um 1750 noch ungefähr 85 Prozent auf dem Land, wo die große Mehrheit ein äußerst ärmliches Leben fristete. Knapp vierzig Jahre später ergab eine Zählung in Preußen (ohne Schlesien und Westpreußen) die Zahl von 13.179 jüdischen Untertanen, darunter jedoch lediglich 2.398 »angesetzte Schutzjuden und publique Bedienstete«, 4.890 Frauen wurden als Witwen und deren Töchter gezählt, 1.939 als Hausgesinde. Von den 3.952 unvergleiteten Männern hatten nach Einschätzung der Behörden lediglich zwei Drittel die Chance, als Händler oder Gelehrte ein Auskommen zu finden, die übrigen galten als arm und entsprechend gefährdet.[1]

Niederlassungsbeschränkungen und weitgehende, noch aus dem Mittelalter überkommene Berufsverbote ließen jüdischen Männern und Frauen nur wenig ökonomischen Handlungsspielraum: Meist waren sie als Händler und Hausierer tätig, in geringerer Zahl als Geldleiher und in vermutlich sehr großer, aber schwer quantifizierbarer Zahl als Dienstboten beiderlei Geschlechts. War die Handelstätigkeit auf bzw. über Lande, sei es mit Vieh, Geld oder Hausrat, ohnehin ein riskantes Geschäft, so verschärfte sich die Situation für diese prekären Formen des Broterwerbs im Laufe des 18. Jahrhunderts durch die zunehmende staatliche Reglementierung des Wirtschaftslebens. In deren Folge nahm die Bedeutung der jüdischen Handelstätigkeit insgesamt eher ab und das Betteljudentum zu, d.h. die sozialen Unterschiede innerhalb der Minderheit wurden größer: Während die jüdi-

---

[1] Bericht der Judenreformkommission, 10.7.1789, zitiert nach: Marion Schulte, Über die bürgerlichen Verhältnisse der Juden in Preußen. Ziele und Motive der Reformzeit (1787-1812), Berlin 2014, S. 189f.

schen Armen ohne die Möglichkeit zur Niederlassung auf den Landstraßen vagabundierten, gelang es gleichzeitig einer kleinen Gruppierung, sich langsam in den rasch wachsenden Städten zu etablieren und hier wiederum Arbeitsmöglichkeiten für Dienstboten zu schaffen. Über deren Lebenssituation wissen wir wenig, vermutlich unterschied sich ihre Lage kaum von der christlicher Hausangestellter: Männer arbeiteten als Geschäftsgehilfen, Boten oder Knechte, Frauen im Haushalt, wo sie der Gefahr sexueller Übergriffe und ungewollter Schwangerschaften schutzlos ausgesetzt waren.

Für beide Geschlechter jedweder Religion war das Dienstbotendasein jedoch nur als Übergangstätigkeit gedacht, die ihnen später die Gründung eines eigenen Hausstandes ermöglichen sollte, wobei dies aufgrund der vielfältigen Niederlassungsbeschränkungen für Juden jedoch deutlich schwieriger war als für Christen.

Nicht zuletzt deshalb heirateten Jüdinnen und Juden eher spät, gegen Ende des 18. Jahrhunderts im Alter zwischen 20 und 30, wobei es hier, ähnlich wie in der christlichen Bevölkerung, deutliche schichtspezifischen Unterschiede gab: Die Nachkommen sehr wohlhabender Familien wurden gern jung verheiratet, da hier die Ehe meist der wirtschaftlichen Verknüpfung zweier Familien diente.

Stabile eheliche Verbindungen und deren ökonomische Absicherung waren für eine Minderheit insgesamt deutlich wichtiger, denn nur so wurde letztlich das Überleben als Gruppe garantiert. Daraus erklärt sich die traditionell hohe Bedeutung der Ehevermittlung innerhalb der jüdischen Gesellschaft, die Möglichkeit der Eheschließung zwischen Verwandten zweiten Grades und auch die Rolle der Mitgift, durch die die Ehefrau bei Scheidung oder Tod des Mannes materiell abgesichert werden sollte.

Gleichzeitig war die Mitgift von Frauen wie Männern das Startkapital für das gemeinsam Ehe- bzw. Arbeitsleben, das oftmals zunächst im Haus der Schwiegereltern begann, wo man noch eine Zeit lang die nötigen Geschäftsfertigkeiten erlernte. Erst später gründete man einen eigenen Hausstand, der in der Regel aus der

Kernfamilie und den jeweiligen Dienstboten bestand, im Durchschnitt also kleiner war als in christlichen Familien.

Die starke Konzentration auf den Handel hatte eine vergleichsweise egalitäre geschlechtsspezifische Arbeitsteilung bewirkt, bei der zwar im Prinzip der Mann die Geschäfte führte, die Frau ihm jedoch sehr viel gleichberechtigter zur Seite stand, als dies in vielen anderen, von Christen ausgeübten Berufen der Fall war. Grundkenntnisse in Wirtschaft und Warenkunde, Buchführung und Finanzen wurden selbstverständlich auch von Frauen erwartet und dies hatte eine lange Tradition: Im Spätmittelalter hatten Jüdinnen ca. ein Drittel aller selbstständig Handel treibenden Gemeindemitglieder ausgemacht. In der Frühen Neuzeit war dieser Anteil zwar aufgrund der steigenden Bedeutung des dominant männlichen Überlandhandels deutlich gesunken. Das Geld- und Pfandleihgeschäft wurde jedoch weiterhin häufig zu Hause abgewickelt und wenn die handeltreibenden Männer über Land zogen oder Messen besuchten, mussten die Frauen während dieser z.T. wochen- und monatelangen Abwesenheit auch allein zurecht kommen. Das später vielbeschworene »altjüdische Familienleben« fand, so scheint es, eher selten, vermutlich vor allem an den Feiertagen statt.

Durch die weibliche Einbindung in den Broterwerb wurde, so lässt sich vermuten, auch die Ehescheidung eher zu einer realen Option, die im Judentum ohnehin zulässig und nicht stigmatisiert war; auch eine neue Eheschließung war problemlos möglich. Allerdings gab (und gibt) es hier einen bedeutsamen Unterschied zwischen den Geschlechtern: Nach jüdischem Religionsgesetz kann nur der Mann die Scheidung beantragen, die Frau dagegen muss den Ehemann um den Scheidungsbrief (*get*) bitten, den dieser auch verweigern kann – wodurch solche Fälle sich oftmals in den Akten der Rabbinatsgerichtsbarkeit wiederfinden. Noch problematischer wurde es, wenn der Ehemann verschollen war und somit auch keinen *get* ausstellen konnte, was – neben absichtsvoll »verschwundenen« Ehemännern – angesichts von Migration und Verfolgung in der jüdischen Geschichte nicht selten vorkam. Die verlassene Frau durfte nicht wieder heiraten und war häufig auf die Wohlfahrt der Gemeinde angewiesen. Eine Witwe dagegen konnte, ähnlich wie in christlichen Handelsfamilien, selbstständig agieren und als eigenständige Geschäftsfrau tätig sein, so dass für sie eine Wiederverehelichung im Grunde einen Verlust an Autonomie bedeutete. Während jüdische Männer also zumindest theoretisch immer über Geld und damit ökonomische Macht verfügten, hing dies bei Frauen vom jeweiligen Ehestand ab: Die Bandbreite reichte vom völlig abhängigen, mittellosen und unverheirateten Dienstmädchen über die partnerschaftlich arbeitende, aber rechtlich vom Ehemann abhängige Ehefrau bis hin zur selbstständig agierenden, (allerdings nicht immer) reichen Witwe.

Leider sind nur wenige Quellen erhalten, in denen sich diese Erwerbsverhältnisse aus weiblicher Sicht spiegeln – nicht umsonst wird als Gewährsfrau immer Glikl von Hameln (1646-1724) zitiert. Männliche Autoren von ethischen Traktaten um 1600 betonen vor allem die männliche Autorität, die sich durch die Repräsentation der Familie nach außen herstellte, d.h. in der Wahrnehmung anderer Männer spiegelte. Hier durften Frauen keine dominante Rolle einnehmen, während man intern durchaus gleichberechtigt zusammen arbeiten konnte. In der einzigen, von einer Frau verfassten Schrift zum Thema aus dem Jahre 1618, den *Meneqet Rivka* von Rivka Tektiner stellt sich dies ganz anders dar: Dort ist die Frau die uneingeschränkte Herrscherin, die die Familie auch nach außen repräsentiert und für ihren Status verantwortlich ist, während die Ehemänner nur eine marginale Rolle spielen und bestenfalls gleichgestellt sind. Zwar wurden die *Menequet Rivka*, so scheint es, im Gegensatz zu den anderen ethischen Schriften kaum gelesen, aber dennoch können sie als eindrucksvolles Beispiel für zumindest die Möglichkeit weiblichen Selbstbewusstseins gelten, das seinen Kern eben im gleichwertigen Beitrag zum Familieneinkommen besaß. Umgekehrt galt für jüdische Männer, dass sich ihr Status traditionell gerade nicht darin bemaß, sondern in seiner »spirituellen Arbeit« (Richarz). Gemeint ist der alleinige Zugang, ja die Pflicht zum Studium von Thora und Talmud, zum religiösen »Lernen«, das je nach sozialer

Schicht und persönlichen Interessen unterschiedlich ernst genommen wurde und sich gerade bei manch ärmlichem Hausierer
oft auf ein Minimum beschränkt haben wird. Frauen dagegen
waren sowohl vom individuellen Lernen als auch von der religiösen Gemeinschaft in der Gemeinde prinzipiell ausgeschlossen.
Vollgültige Gemeindemitglieder waren in der Regel verheiratete
Männer mit einem bestimmten Einkommen, Frauen konnten
diesen Status nur als Witwen erreichen und erhielten auch dann
nicht das Wahlrecht.

Die Hierarchie der Geschlechter wurde im traditionellen Judentum also primär auf dem religiösen Feld festgeschrieben, so dass
sich die jeweiligen ökonomischen Rollen flexibel gestalten oder
sogar umdrehen konnten: Einer kleinen Minderheit von Gelehrten wurde ihr religiöses Studium gerade dadurch ermöglicht, dass
sich die Frauen alleine um den Broterwerb kümmerten – womit
wiederum sie eine religiös wichtige und hochgeschätzte Aufgabe
erfüllten. Umgekehrt bot dieses System auch Aufstiegsmöglichkeiten für arme Jünglinge, die, so sie gelehrt waren oder zumindest entsprechendes Potenzial zu haben schienen, wohlhabenden
Eltern als ideale Schwiegersöhne galten.

All dies begründete den im Vergleich zum Christentum hohen
Stellenwert der männlichen Bildung im Judentum: Der ideale
jüdische Mann war der lernende Mann, jüdische Männlichkeit
bemaß sich über Gelehrsamkeit – und nicht über Körperkraft oder
Auskommen. Natürlich hatte auch hier die Realität gerade in den
kleinen Gemeinden auf dem Lande wenig mit diesem Ideal zu
tun: Im Prinzip jedoch lernten die Jungen im Alter von fünf bis
dreizehn Jahren in der Elementarschule Lesen und Schreiben auf
hebräisch und jiddisch und erhielten religiösen Unterricht, der
dann in den Religionsschulen, den *Jeshiwot*, vertieft werden konnte. Über die Bildung der Mädchen ist wenig bekannt, vermutlich
lernten manche zu Hause jiddisch lesen und schreiben sowie die
Grundlagen der Haushalts- und Geschäftsführung von ihren Müttern. Sie erhielten keine religiöse Bildung und übernahmen die
Ausführung bestimmter Rituale ebenfalls von älteren weiblichen
Familienmitgliedern.

All dies war bei beiden Geschlechtern natürlich abhängig vom jeweiligen sozialen Status der Familie: Während Kinder aus armen Familien früh arbeiten mussten, erhielten die Sprösslinge der jüdischen Oberschicht im 17. und 18. Jahrhundert zusätzlich zur religiösen auch weltliche Bildung, oftmals profitierten Mädchen hier vom Unterricht der Brüder, der diesen durch Hauslehrer erteilt wurde. Da das europaweite Netzwerk der großen Hofjudenfamilien vornehmlich durch Heirat gesponnen wurde, kam den Töchtern eine zentrale Rolle zu, so dass bei ihnen auf ein gewisses Maß an kultureller, sprachlicher und intellektueller Kompetenz geachtet wurde. Auch waren sie häufig an den Geschäften ihrer Männer mitbeteiligt, und konnten diese als Witwen selbständig weiterführen: Esther Liebmann (1649-1714) im 17. und Chaile Kaulla (1739-1809) im 18. Jahrhundert sind Beispiele für einflussreiche Hofjüdinnen. Während Esther Liebmann nach dem Tod ihres zweiten Mannes Jost 1702 auch allein erfolgreich für den preußischen König tätig war, hatte Chaile Kaulla, wie so viele »Ausnahmefrauen« durch die Jahrhunderte, das Glück, nicht nur begabt, sondern auch die Älteste von viel jüngeren Brüdern zu sein. Schon als Mädchen lernte sie bei ihrem Vater und übernahm später so erfolgreich dessen Geschäfte, dass ihr Vorname zum Stammnamen der ganzen Familie wurde. Ihr Ehemann widmete sich ganz traditionell dem Talmudstudium, was zu jener Zeit, Ende des 18. Jahrhunderts, in dieser Schicht schon fast als Anachronismus gelten kann, waren es doch die wenigen Familien der jüdischen Oberschicht, die sich als erste durch Bildung, Kleidung und Kontakte der christlichen Umwelt annäherten – oder über die man diesbezüglich am meisten weiß.

Denn gerade auf dem Land und in den kleinen Städtchen war der Kontakt zu den christlichen Nachbarn ebenfalls sehr eng, was zu zahlreichen aktenkundigen Konflikten führte – aber sicher auch zu vielen Momenten selbstverständlichen Zusammenlebens, nur sind diese in sehr viel geringerem Maße überliefert. Gleichzeitig kann man davon ausgehen, dass die große Mehrheit der jüdischen Bevölkerung bis weit ins 18. Jahrhundert hinein religiös gesetzestreu lebte: Sabbatruhe, Speise- und Reinheitsgesetze, Gebete und

Feiertage formten den Alltag jüdischer Männer und Frauen in der Vormoderne und strukturierten das Verhältnis zwischen den Geschlechtern durch den Ausschluss der Frauen von den hebräischen Gebeten. Doch auch hier gilt es genauer hinzusehen und zu differenzieren: In den armen Landgemeinden nämlich gab es zahlreiche Männer, die des Hebräischen fast genauso unkundig waren wie ihre Frauen, die Gebete nur nachsprachen, ohne den Inhalt zu kennen, und die daher wie diese auf die jiddische fromme Literatur angewiesen waren. Vermutlich war daher auch in anderen Bereichen die Hierarchie zwischen den Geschlechtern innerhalb der jüdischen Landbevölkerung weniger markant ausgeprägt. Beide Geschlechter waren daneben verschiedenen Formen von Volksfrömmigkeit – magischem Denken, Amuletten etc. – zugetan, wie sie sich zeitgleich auch in der christlichen Bevölkerung finden lassen. Die lang anhaltende Erschütterung, die die messianische Bewegung des Shabbtai Zwi (1626-1676) im europäischen Judentum in der zweiten Hälfte des 17. Jahrhunderts auslöste, lässt zudem auf ein tief verwurzeltes Bedürfnis nach emotionaler Religiosität und individueller spiritueller Erfahrung schließen, und es ist vermutlich kein Zufall, dass in der christlichen Welt zeitgleich der Pietismus mit seinem Ideal einer gefühlsbetonten Frömmigkeit an Boden gewann. Inwieweit auch im Judentum – ähnlich wie im Pietismus – dieses Modell gerade für Frauen attraktiv war, lässt sich schwer bestimmen, man weiß jedoch, dass sowohl der Sabbatianismus als auch ähnliche spätere Bewegungen – der Frankismus und der osteuropäische Chassidismus – Anhänger unter Männern wie Frauen hatten.

In der Forschung ist es bis heute umstritten, wie weit die Aushöhlung der rabbinischen Autorität tatsächlich vorangeschritten war, als in der Mitte des 18. Jahrhunderts mit der (jüdischen) Aufklärung eine Dynamik in Gang gesetzt wurde, die die Lebenswelt des deutschsprachigen Judentums radikal verändern würde. Sicher ist, dass dieser Prozess gleichzeitig auf mehreren Ebenen einsetzte: So verbesserte sich zum einen die materielle Situation der Minderheit und einer kleinen Gruppe gelang in der zweiten Hälfte des 18. Jahrhunderts ein zwar langsamer, aber stetiger

Aufstieg in die Mittel- und Oberschicht der Universität- und Residenzstädte. Hier wie dort wurden zum anderen die Grenzen zur christlichen Nachbarschaft poröser und die äußeren sichtbaren Zeichen des Andersseins begannen bei besonders wagemutigen Männern und Frauen zu verschwinden: Junge Männer rasierten sich nicht mehr und verheiratete Frauen begeisterten sich für Perücken statt für die traditionelle Haube. Zwar lässt sich diese Entwicklung nicht quantifizieren, wohl aber häufen sich im 18. Jahrhundert die Verdikte der rabbinischen Autoritäten, die dagegen zu Felde zogen, und zwar gegen beide Geschlechter: Gemeinsame Wirtshausbesuche junger jüdischer und christlicher Männer wurden ebenso verurteilt wie die Besuche jüdischer Frauen in christlichen Häusern, an die jedoch häufig strengere Maßstäbe angelegt wurden: »Frauen müssen dezenter sein als Männer und dürfen sich nicht nach ihrer Laune kleiden und wie Nichtjüdinnen angezogen gehen«, heißt es in einem Traktat aus dem Jahre 1705: »Diese jüdischen Frauen sind (erstens) nicht von christlichen Frauen zu unterscheiden, und dies hat zur Folge, dass Männer sich versündigen, wenn sie sie anschauen. Zweitens bewirken sie Hassgefühle bei den Nichtjuden, wenn diese sehen, dass Juden vornehmer gekleidet sind als die Fürsten. Drittens bringen sie ihre Männer in eine Notlage, da sie sie zwingen, ihnen Kleider zu kaufen, die ihre Verhältnisse übersteigen. Auch bei Männern führt die Modesucht zu schlimmen Erscheinungen: sie nehmen sich die Bärte ab, und niemand merkt mehr, dass sie Juden sind«.[2]

Was Hirsch Zwi Kojdanower (gest. 1712), Sohn eines Frankfurter Rabbiners, hier schon zu Beginn des 18. Jahrhunderts beschreibt, sollte sich in den nächsten zweihundert Jahren zur Standardformel innerjüdischer Identitätsdebatten entwickeln: Die Verantwortung für den »Untergang der deutschen Juden«[3], wie es dann 1911 heißen sollte, wurde in verschiedenen Variationen vornehmlich den Frauen angelastet.

---

[2]   Hirsch Zwi Kojdanower, Kaw Hajashar, Frankfurt a.M. 1705, Kap. 82, zitiert nach DJNZ I, S. 171.

[3]   Felix A. Theilhaber, Der Untergang der deutschen Juden. Eine volkswirtschaftliche Studie, München 1911.

Maskilim und Salondamen

Aber weder rabbinische Strenge noch geschlechtsspezifische Mahnungen konnten jene Entwicklungen bremsen, die im 18. Jahrhundert langsam an Fahrt gewannen und schließlich die Lebenswelt aller jüdischen Männer und Frauen grundsätzlich verändern sollten. Die gesamte ständisch und religiös geprägte Welt, die seit Jahrhunderten Juden wie Christen, Männern wie Frauen, einen bestimmten, klar umrissenen Platz in der Gesellschaft zugewiesen hatte, geriet in Auflösung. Die sich ausbildende Bürgergesellschaft bot mehr individuelle Freiheiten und Spielräume, aber gleichzeitig auch weniger Schutz und Orientierung. Natürlich konnte niemand die gesamte Dimension der religiösen, sozialen, kulturellen und am Ende auch politischen Veränderungen überblicken, die im Laufe des Jahrhunderts immer mehr Menschen betrafen und von ihnen mal als beängstigend und bedrohlich, mal als hoffnungs- und verheißungsvoll wahrgenommen wurden.

Für Minderheiten nun sind Zeiten großer gesellschaftlicher Umwälzungen in noch viel höherem Maße verunsichernd, ja sogar gefährlich: Zum einen – und dessen war man sich unter den Juden Mitteleuropas nur allzu bewusst – steigt das Risiko, spontan zum Sündenbock für all jene Erscheinungen herhalten zu müssen, die von anderen als negativ wahrgenommen werden; zum anderen verändert sich nicht nur der eigene Status, sondern auch das eingespielte Verhältnis zwischen Minderheit und Mehrheit. Konkret bedeutete dies für die Juden in den deutschen Ländern, dass sie sich in kürzester Zeit widersprüchlichsten Ereignissen ausgesetzt sahen: Im Jahre 1738 wurde Joseph Süss Oppenheimer (1698-1738), Hoffaktor des Herzogs von Württemberg (1684-1737), hingerichtet, fünf Jahre später kam Moses Mendelssohn als junger Talmudschüler nach Berlin, 1744 ordnete Kaiserin Maria Theresia (1717-1780) die Vertreibung der Juden aus Prag und Böhmen, dann aus Schlesien an, wiederum zehn Jahre später begann mit der lebenslangen Freundschaft zwischen Mendelssohn und

Lessing (1728-1781) die Bindung zwischen deutscher und jüdischer Aufklärung, gleichzeitig aber hätte der jüdische Gelehrte Berlin sofort verlassen müssen, wenn er seiner Anstellung als Hauslehrer bzw. Buchhalter eines Seidenfabrikanten verlustig gegangen wäre – und 36 Jahre nach der Vertreibung der Juden aus Schlesien leiteten die Habsburger Toleranzpatente die langsame rechtliche Emanzipation der Juden in den deutschsprachigen Ländern ein.

All diese Widersprüche waren in jener Stadt besonders spürbar, die im 18. Jahrhundert den Sprung von der unbedeutenden preußischen Provinzstadt zum kulturellen und politischen Zentrum unternehmen sollte: Berlin.

Berlin war (und ist) eine Stadt der Neuankömmlinge, der Aufsteiger, der Migranten – und bot damit auch religiösen Minderheiten ein günstiges soziales Klima. Keine vielbeschworene lokale Tradition, kein altehrwürdiges Stadtpatriziat wehrte sich hier, wie in anderen Städten, gegen ihre Partizipation in bestimmten gesellschaftlichen Teilbereichen, und obgleich die strengen preußischen Judengesetze deutlich zwischen der jüdischen und anderen christlichen Minderheiten (wie etwa den Hugenotten) unterschieden, bot die Hauptstadt im Laufe des 18. Jahrhunderts doch auch Juden immer mehr Möglichkeiten des wirtschaftlichen und sozialen Aufstiegs. Hinzu kam, dass eben jene diskriminierenden Gesetze gleichzeitig dazu beitrugen, arme und bedürftige Juden aus der Stadt fernzuhalten, so dass die mit 3000 Mitgliedern, das waren zwei Prozent der Gesamtbevölkerung, im Vergleich zu anderen Städten wie Hamburg oder Frankfurt um 1800 eher kleine Berliner Gemeinde sehr bald deutlich wohlhabender war.

In diesen Berliner Spezifika, einer gewissen stadtbürgerlichen Traditionslosigkeit gepaart mit einem Neuen gegenüber tendenziell aufgeschlossenen Klima sowie dem Reichtum einiger weniger jüdischer Familien sind wohl die Gründe für die rasante religiöse und intellektuelle Entwicklung zu sehen, die die dortige jüdische Gemeinde innerhalb weniger Jahrzehnte durchlaufen sollte und die für Frauen und Männer verschiedene Rollen parat hielt. Denn im Grunde ließe sich das große Drama der »Moder-

nisierung« der Berliner Gemeinde auch als Familienroman
schreiben, in dem sich Söhne und Töchter – aufgewachsen in
einer Phase revolutionärer Umwälzungen – für gänzlich unterschiedliche Themen und Lebenswege entschieden. Hineingebo-
ren wurden sie in die ökonomische Oberschicht der Gemeinde
um die Familien Liebmann, Itzig und Ephraim, die um 1770 einen
Lebensstil pflegten, der jüdische Tradition mit der Partizipation
an der allgemeinen deutschen, ja europäischen Kultur verband.
Man kleidete sich modisch, besuchte das Theater und pflegte gesellschaftlichen Umgang mit Christen derselben Schicht. Man
unterstützte großzügig die Einrichtungen der jüdischen Gemeinde und förderte interessiert jene jungen Männer, die begonnen
hatten, die Ideen der Aufklärung auch für das Judentum zu rezi-
pieren und fruchtbar zu machen.

Es war zunächst nur eine kleine Gruppe von Studenten meist
kleinbürgerlicher und provinzieller Herkunft, die sich nach bürgerlicher Bildung sehnte und an den Universitäten unter der
«Schmach der intellektuellen Unterlegenheit« (Feiner) litt. Diesen jungen Männern ging es um eine Synthese von jüdischer und
aufgeklärter Bildung, um Modernisierung im Rahmen der jüdischen Religion und damit schließlich um die Bewahrung der jüdischen Differenz bei gleichzeitiger Partizipation an der sie um-
gebenden Kultur. Dabei waren sie stark beeinflusst von Moral und
Sittenstrenge der protestantischen Aufklärung, bekämpften wie
diese Aberglaube und »Unvernunft« und fühlten sich wie die
gleichaltrigen Pfarrer- und Beamtensöhne als Elite, versehen mit
einer Mission, die sich an »die ganze Judenheit« richten sollte.
Als »junge Wilde« forderten sie damit die traditionelle rabbinische Autorität in den Gemeinden heraus, während sie ökonomisch und rechtlich abhängig blieben von jener Oberschicht, die
ihnen als Hauslehrer und Sekretäre überhaupt erst ihre intellektuelle Tätigkeit und ihren Aufenthalt in der preußischen Hauptstadt ermöglichte.

Das Projekt der *Haskala*, der jüdischen Aufklärung, als radika-
les, ja revolutionäres Ereignis der deutsch-jüdischen Geschichte
ist vielfach beschrieben und in seinen unterschiedlichen Phasen

analysiert worden, hier soll es daher lediglich um seine spezifisch männlichen und – nicht vorhandenen – weiblichen Komponenten gehen: Die *Haskala* war, dies hat Shmuel Feiner schon vor Jahren festgestellt, ein rein männliches Projekt, und zwar in Form und Inhalt. Zum einen handelte es sich bei den *Maskilim* in der Regel um junge, unverheiratete Männer, deren prekäre soziale und z.T. auch rechtliche Situation eine frühe Familiengründung erschwerte, zumal die jungen Frauen, mit denen sie engen Kontakt hatten – die Töchter ihrer Dienstherren – meist unerreichbar waren (was jedoch romantische Liebschaften wie die zwischen Rebekka Friedländer (1770-1838) und Isaac Euchel (1756-1804) nicht ausschloss). Insofern kann man sagen, dass die jungen jüdischen Intellektuellen aus der Not eine Tugend machten, wenn sie ihre per se männliche Geselligkeit zu einer Art Männerbund stilisierten. Mehr noch als in der 1792 von hundert jüdischen Junggesellen ins Leben gerufenen »Gesellschaft der Freunde« war dies bei der 1782 in Königsberg gegründeten »Gesellschaft der Freunde der hebräischen Literatur« augenfällig, in der ein wahrer Freundschaftskult getrieben wurde, der sich in zahlreichen Gedichten und innigen Briefwechseln niederschlug. Daneben las und diskutierte man eigene und fremde Werke, traf sich an den Universitäten oder in Kaffeehäusern und hielt Kontakt zu Gleichgesinnten in anderen Städten – neben Berlin und Königsberg kamen später Kreise in Breslau, Prag und Wien hinzu. Diese neue Form der Öffentlichkeit schloss Frauen explizit aus, ja mehr noch, die meisten *Maskilim* hätten – wenn sie sich denn dazu geäußert hätten – Frauen die Fähigkeit zum rationalen Denken und vernünftigen Diskutieren vermutlich glattweg abgesprochen. Schließlich darf man nicht vergessen, dass die Blüte der *Haskala* in den 80er Jahren des 18. Jahrhunderts bereits in die Zeit der Spätaufklärung fiel, als jeglicher emanzipatorischer Impetus der früheren Jahre schon einer strikten Festschreibung polarer Geschlechtscharaktere gewichen war: Der Mann ist qua Natur aktiv, vernünftig und wirkt dementsprechend in und für die Öffentlichkeit, die Frau dagegen ist passiv, emotional und findet daher ihre natürliche Bestimmung als Ehefrau und Mutter.

Hatte man früher von rabbinischer Seite das Interesse für weltliches Wissen mit der erotischen Verführungskraft des Weibes gleichgesetzt, so drehten die aufgeklärten Intellektuellen, Juden wie Christen, dieses Bild nun um und warnten vor den realen, ausschließlich sinnlichen Frauen, die die denkenden und dem Allgemeinwohl verpflichteten Männer von ihrem Schaffensprozess abhalten könnten. Isaak Satanow (1732-1805), einer der älteren *Maskilim*, ging notgedrungen – seine Frau war in Polen zurückgeblieben – noch einen Schritt weiter und fasste seine geistige Arbeit gleich in erotische Metaphern, bei denen das Bücherschreiben zum Zeugungsakt wurde – die Anwesenheit von Frauen war somit gänzlich überflüssig geworden.

In dieser strengen Geschlechterdichotomie galten gebildete Frauen als unweiblich, und dies auch in der jüdischen Welt des 18. Jahrhunderts. Schon der große Lehrer und Übervater der *Maskilim*, Moses Mendelssohn, hatte seine Verlobte Fromet Guggenheim darüber nicht im Unklaren gelassen: »Eine mässige Lectür kleidet dem Frauenzimmer, aber keine Gelehrsamkeit. Ein Mädchen, das sich die Augen rotgelesen, verdint ausgelacht zu werden.«[4] Vor diesem Hintergrund erscheint es kaum erstaunlich, dass weibliche Bildung und Entwicklung, von ganz wenigen Ausnahmen abgesehen, nie zum bedeutenden Thema für die *Maskilim* wurde, deren sämtliche aufklärerische Projekte, allen voran die Schulen, sich immer implizit wie explizit auf eine jüdische Männer- bzw. Knabenwelt bezogen. Die Tatsache, dass auch das Hebräische als Sprache der jüdischen Aufklärung Frauen von vornherein ausschloss, erscheint so eher als Symptom einer grundsätzlichen Haltung denn als Grund für die weibliche Entfremdung. Von weiblicher Seite aus wurde diese Ausgrenzung durchaus bedauert und interessanterweise schon damals als Elitendiskurs kritisiert, wie man den Worten Rebekka Friedländers entnehmen kann: »Wie kläglich ist's, lieber Freund!,« schrieb sie an Euchel, »dass das ganze weibliche und der größte Theil des

---

4   Moses Mendelssohn an Fromet Guggenheim, 10.11.1761, zitiert nach: Feiner, Haskala, S. 249f.

männlichen Geschlechts unsrer Nation, diese Wonne nicht genießen können.«[5]

Angesichts des maskilischen Desinteresses, ja Abwertung, verwundert es kaum, dass man sich in späteren Jahren weiblicherseits oftmals lustig machte über die ernsthaften, vermutlich etwas prüden und dann bald auch nicht mehr ganz so jungen Männer, die man einst als Privatlehrer im Elternhaus kennengelernt hatte. Die *Haskala* oder jedwede andere innerjüdische Anliegen waren in den Salons, die einige dieser Frauen später gründen sollten, schlichtweg kein Thema, und nur sehr wenige rezipierten deren deutschsprachige Werke – soweit aus den Subskriptionslisten erkenntlich. Letztlich profitierten die Töchter der jüdischen Oberschicht vor allem vom Bildungsbestreben ihrer Eltern, die masikilische Hauslehrer einstellten, und so eher zufällig und unbeabsichtigt dann auch von deren Wissen und intellektueller Ausrichtung. Zusammen mit ihren Brüdern erhielten die Mädchen Privatunterricht auf höchstem Niveau und beschäftigten sich, neben der klassisch weiblichen Ausbildung in Handarbeiten, Tanz und Musik auch mit Fremdsprachen, Naturwissenschaften und Philosophie. Selbst in ihren Kreisen war eine solch umfassende Bildung für Frauen ungewöhnlich und so gab gerade die Kant- (und später Goethe-) Begeisterung der jungen Jüdinnen zu manch spöttischer Bemerkung Anlass: »Kant auf der Zunge, Kant auf ihrer Toilette und auf dem Nachttische wetteifert mit ihrem ersten Liebhaber und der kategorische Imperativ steht mit ihnen auf und geht mit ihnen zu Bette«.[6]

Tief durchdrungen vom Fortschrittsglauben jener Jahre waren es die Ideen der europäischen Aufklärung, mit denen die Generation der in den 1760er und frühen 1770er Jahren geborenen Kinder aus gutem jüdischen Hause aufwuchs, und es war die Französische Revolution und die »moderne« Kultur, für die man sich begeisterte. Allerdings stießen beide Geschlechter auf enge

---

[5]   In: Euchel, Gebete der hochdeutschen und polnischen Juden, Widmung, S. 4f., zitiert nach Feiner, Haskala, S. 351.

[6]   Neuestes Gemälde von Berlin, auf das Jahr 1798, nach Mercier, Köln 1798, zitiert nach Schulte, S. 171.

Grenzen, was die individuelle Verwirklichung ihrer Träume und Vorstellungen anging. Die männliche Nachkommenschaft war zwar gehalten, einen Beruf zu ergreifen und ins öffentliche Leben zu treten, allerdings hatten sie als Juden kaum eine Wahlmöglichkeit: Man wurde Kaufmann oder Bankier, in Ausnahmefällen auch Arzt, egal, ob man sich zu Anderem berufen fühlte: »Ich bin zum Kaufmann verdorben, ich werde immer meine Schuldigkeit thun aber höchst unglücklich seyn«,[7] schrieb Marcus Levin (1772-1826), der als ältester Sohn das Geschäft des Vaters übernehmen musste, an seine Schwester Rahel (1771-1833) im Alter von 25 Jahren und ähnlich erging es seinem jüngsten Bruder Moritz (1785-1846). Nur der mittlere Sohn Lipmann/Ludwig (1778-1832) entschloss sich auszubrechen und seinen Lebensunterhalt als Schriftsteller zu verdienen, was ihm, nicht zuletzt dank des väterlichen Erbes, mehr oder weniger gelang. Sein Lebensweg war jedoch eher die Ausnahme, denn in der Regel blieb jüdischen Männern seiner Generation keine andere Wahl, als ihren kulturellen Interessen im privaten Bereich zu frönen, sie, je nach materiellen Möglichkeiten, durch großzügiges Mäzenatentum zu befriedigen oder sich einem im Bildungsbereich engagierten Verein wie der »Gesellschaft der Freunde« anzuschließen – und im Übrigen ihren Gattinnen und Töchtern Räume zu eröffnen, in denen diese sich eben jenen Leidenschaften widmen konnten, die ihnen selbst versagt blieben.

Als Frauen hatten die Schwestern dieser Kaufleute wider Willen keinen Zugang zu der sich entwickelnden bürgerlichen Öffentlichkeit mit ihrer Vereinskultur, ihren Cafes und Universitäten, so dass sie sich andere Geselligkeitsformen erschließen mussten, die im Grunde eine Fortführung dessen waren, was sie in ihren Elternhäusern kennengelernt hatten. Schon Moses Mendelssohn hatte ein offenes Haus geführt, das sich um das Familienleben herum entwickelte – und Henriette Herz (1764-1847) erinnerte sich später, wie anstrengend dies für seine Gattin war, die dauernd

---

[7]   Marcus an Rahel Levin, 1797, zitiert nach: Ursula Isselstein, Emanzipation – wovon und wofür? Das Beispiel der Familie Levin aus Berlin, in: Archiv Bibliographia Judaica: Jahrbuch 2/4 (1990) 80-113, S. 83.

Gäste bewirten musste, die ohne Einladung vorbeikamen. Sie selbst, Mendelssohns Töchter und etwas später auch Rahel Levin luden als junge Frauen dann auch lieber zu festen Zeiten »zum Thee«, wobei auch hier der familiäre Rahmen, die Anwesenheit von Geschwistern und anderen Verwandten, eine große Rolle spielte – ganz abgesehen von den materiellen und räumlichen Möglichkeiten, die ihre Herkunftsfamilien oder Ehemänner boten. Henriette Herz, Dorothea Mendelssohn und Rahel Levin waren die bekanntesten unter ihnen, insgesamt gab es wohl ca. zwanzig jüdische Frauen, die zwischen 1790 und 1806 in der einen oder anderen Form und über unterschiedliche Zeiträume hinweg in Berlin einen solchen »Salon« führten, und auch in Wien blühte bald eine Salonkultur eigener Art, in deren Zentrum ebenfalls Jüdinnen standen.

Die Menschen, die sich dort trafen, diskutierten die neuesten Theaterstücke und Romane, philosophierten über Freundschaft und Liebe, lasen sich gegenseitig eigene Werke oder fremde Briefe vor und plauderten über neue Affären und alte Feindschaften. Es war eine durch und durch individualisierte und hochkulturelle elitäre Welt, in der weder die große Politik noch jüdische Emanzipationsbestrebungen eine Rolle spielten, umso mehr aber Witz und sprachliche Gewandtheit, Freundschaftskult und briefliche Brillanz. Ohnehin muss man sich die Salongesellschaft als »kommunikatives Netz« (Lund) vorstellen, das Menschen verband, die sich nicht nur in Salons, sondern auch beim Promenieren im Tiergarten, im Theater, in Kurbädern trafen und fortwährend in Briefen und Billeten darüber, über andere und über die eigene Befindlichkeit berichteten.

Das eigentlich Neue dabei war die ungewöhnliche soziale Mischung der Menschen, die an diesem Netzwerk partizipierten, denn erstmals trafen sich Adel und gebildete Bürgerliche, Offiziere und Literaten, ausländische Diplomaten und Jüdinnen unter einem Dach. Die alte Ständegesellschaft befand sich im Umbruch, aber bei allem revolutionären und aufklärerischen Impetus blieben die Geschlechtergrenzen innerhalb dieser Mischung auffällig intakt: Denn es waren vor allem junge preußische Adlige, die die

Häuser von gebildeten Jüdinnen aufsuchten – keine christlichen Frauen und nur wenige jüdische Männer. Für christliche Männer, wie Wilhelm von Humboldt (1767-1835) oder Friedrich von der Gentz (1764-1832), war dieser Kontakt zu einem ihnen bislang unbekannten Milieu aufregend, ja exotisch, und nie selbstverständlich. Dass diese Frauen Jüdinnen waren, war immer präsent, und es war vermutlich deren minderer Status als Frauen, der diese Annäherung überhaupt erst ermöglichte: Jüdischen Männern dagegen stand man distanziert und manchmal offen verächtlich gegenüber, jüdische Frauen verloren ihren spezifischen Reiz, wenn sie sich taufen ließen. Aus dieser Perspektive erscheinen die Salons eher als Spielwiese, als politisch folgenloses Experimentierfeld für unverheiratete junge Christen, die sich nach der standesgemäßen Eheschließung oder beruflichen Etablierung oftmals aus dieser Geselligkeit zurückzogen. Insofern basierte der »Traum der Salons« als einer Sphäre, in der man sich von »Mensch zu Mensch« begegnete und wo Religion und Abstammung keine Rolle spielten, auf einer grundlegenden Geschlechterasymmetrie, die umgekehrt den jüdischen Frauen, die sich dieser Situation nur allzu bewusst waren und dennoch gesellschaftliche Anerkennung und Gleichstellung ersehnten, im Grunde nur einen Ausweg ließ: die Heirat mit einem christlichen Mann und damit auch die Taufe.

Dass für viele von ihnen die Konversion eine ernstzunehmende Möglichkeit darstellte, erscheint angesichts ihrer Erziehung, ihres sozialen Umfelds sowie ihrer Entfremdung vom traditionellen Judentum einerseits und ihrer Nichteinbeziehung in die maskilischen Reformbemühungen andererseits kaum erstaunlich – und die Gefühls- und Erlebnisbetontheit der Romantik mag ein Übriges dazu beigetragen haben. Wirklich beeindruckend ist dagegen, wie sich manche von ihnen – allen voran Dorothea Mendelssohn – über die Grenzen dessen hinwegsetzten, was in beiden Gesellschaften, der jüdischen wie der christlichen, für Frauen eigentlich als schicklich, ja überhaupt möglich galt: die selbstbestimmte Wahl des Lebenspartners. Insofern ist der emanzipatorische Gehalt ihrer Lebensgeschichten deutlich im Feld der Frauengeschichte zu verorten, aber selbst dort und selbst bei einer so mutigen Frau wie Dorothea Mendelssohn hatte dies Grenzen: Nicht nur arbeitete sie selbstlos für ihren Mann Friedrich Schlegel, sie legitimierte diese freiwillige Unterordnung als naturgegeben: »Es können Frauen durch die unvernünftige Herrschaft der Männer unglücklich sein; ohne diese Herrschaft sind sie aber auf immer verloren und das ohne alle Ausnahme«.[8] Das frühromantische Ideal der gleichberechtigten Gefährten-Liebe, der Verbindung von »selbständiger Weiblichkeit« und »sanfter Männlichkeit,« hatte also realiter seine Tücken und sollte sich als ein ebenso kurzlebiges Experiment erweisen wie die nie wirklich vorurteilsfreie christlich-jüdische Begegnung in den Salons.

Dass *diese* Transgression dennoch das eigentliche Skandalon war, belegen die zeitgenössischen und späteren Reaktionen auf die »Salonière«, die sich trotz unterschiedlicher Provenienz auf frappierende Weise ähneln: Aus Sicht der traditionellen jüdischen Gemeinschaft waren die Aufklärungsbestrebungen der *Maskilim* die Wurzel allen Übels, da sie dazu geführt hatten, die rabbinische und väterliche Autorität zu untergraben. Dass nun junge Frauen die für sie vorgesehenen Ehen verweigerten, Liebesbeziehungen mit Christen eingingen, uneheliche Kinder bekamen und schließlich, als End- und Tiefpunkt dieser Entwicklung, sich auch noch taufen ließen, war der definitive Beleg dafür, dass jedwede Modernisierung des Judentums dessen Ende bedeuten würde. Für die Aufklärer dagegen war gerade die weibliche Charakterschwäche ein mächtiger Faktor in den innerjüdischen Familiendramen. Die als Komödien angelegten aufklärerischen Lehrstücke »Reb Henoch« (1793) von Isaac Euchel und »Leichtsinn und Frömmelei« (1796) von Aron Wolffsohn (1756-1835) richten sich zwar primär gegen männlich-orthodoxe Heuchelei, Ausdruck des familiären Desasters sind jedoch die oberflächlichen und leichtsinnigen Töchter, die durch ihre, von ehrgeizigen Müttern noch beförderten Liebschaften mit preußi-

---

8   Dorothea Mendelssohn, zitiert nach Frevert, Frauen-Geschichte, Zwischen Bürgerlicher Verbesserung und Neuer Weiblichkeit, Frankfurt a.M. 1986, S. 54.

schen Offizieren im Bordell landen – um am Ende von einem tapferen jungen *Maskil* wieder auf den rechten Weg der Moral gebracht zu werden.

Spiegelte sich hier also im Grunde die klassische Frauenverachtung der jüdischen Aufklärer wider, die jedoch eine »weibliche Besserung« immerhin nicht ausschloss, so war das Urteil des siebzig Jahre später schreibenden Historikers Heinrich Graetz (1817-1891) eindeutig und vernichtend: In einer sich über sechs Seiten erstreckenden Philippika in seiner »Geschichte der Juden« griff Graetz die drei berühmtesten Salondamen Herz, Mendelssohn und Levin frontal und persönlich an, warf ihnen durch »Eitelkeit« und sexuelle Hörigkeit hervorgerufenes unsittliches Betragen und moralische Verkommenheit vor, was schließlich und gerechterweise in innerer Zerrüttung, Armut und Einsamkeit enden musste. Immerhin taten »diese geistbegabten jüdischen Sünderinnen dem Judentum den Gefallen, zum Christentum überzutreten«.[9] Dass diese Aggressionen, die die drei emblematischen Frauenfiguren noch Jahrzehnte später (und z.T. bis heute) auf sich zogen, nicht in ihrer Taufe, sondern vor allem in der Überschreitung der traditionellen Frauenrolle begründet lagen, belegt ein Blick auf Graetzens Beschreibung der ebenfalls getauften Intellektuellen Ludwig Börne (1786-1837) und Heinrich Heine (1797-1856): »Urjüdisch« wären diese gewesen, »jüdisches Blut« sei durch ihre Adern geflossen, »jüdisch-talmudische Elektrizität« hätte ihr Schreiben beflügelt – und ihre Konversion war letztlich unbewusst ein zwar bedauerliches, aber verständliches taktisches, ja geradezu militärisch kluges Verhalten: «Wie Kämpfer, die des Feindes Rüstung und Fahne ergreifen, um ihn desto sicherer zu treffen und ihn desto nachdrücklicher zu vernichten«.[10]

Nun ist es sicher kein Spezifikum der jüdischen Geschichte, wenn das Handeln von Männern und Frauen mit zweierlei Maß gemessen wird. Was sich hier jedoch exemplarisch beobachten lässt, ist eine Form der Krisenbearbeitung, bei der allgemeine

---

9   Heinrich Graetz, Geschichte der Juden von den ältesten Zeiten bis auf die Gegenwart, Bd. 11, Leipzig 1870, S. 165-170.
10 Ebd., S. 345-380, Zitate S. 345f.

Auflösungsängste einer Minderheit in archaische Geschlechterbilder gegossen werden: abtrünnige Frauen, die auch sexuell
»zum Feind« überlaufen und somit die biologische Fortexistenz
der Gruppe gefährden. Betrachtet man diesen als Krise empfundenen Moment in der deutsch-jüdischen Geschichte genauer, so
wird deutlich, dass es sich hier um eine geschlechtlich aufgelade-
ne Wahrnehmungsverschiebung handelt, die mit den real zu be-
obachtenden Symptomen einer jüdischen Gesellschaft im Umbruch wenig zu tun hatte.

Denn gerade die besonders skandalösen »Auswüchse« wie der
Anstieg der Scheidungen, nichtehelichen Liebesaffären und unehelichen Kinder zwischen 1780 und 1810 waren keineswegs ein
jüdisches Phänomen, sondern betrafen christliche und jüdische
Familien gleichermaßen. Letztlich handelte es sich, dies hat
Steven Lowenstein überzeugend nachgewiesen, um einen allge-
meineren Generationenkonflikt in Zeiten großer sozialer Umwälzungen, in denen althergebrachte Wertvorstellungen und geschlechtsspezifische Verhaltensnormen kurzfristig ins Wanken
gerieten – und nicht jeder begeisterte sich für Politik, Kultur und
gebildete Debatten: Gerade unter den Jüngeren gab es viele, die
die neuen Freiheiten und Möglichkeiten, die neuen Geselligkeitsformen und Vergnügungen zunächst einmal einfach genießen
wollten: Das Pendant zu den romantischen Affären der Frauen
wären dann die Sauftouren und Bordellbesuche der jungen Männer, von denen in zahlreichen Briefen und Tagebüchern berichtet
wird. Zudem war diese kurze Phase der großen Freiheit schon
nach wenigen Jahren wieder beendet: Es folgten die antinapoleonischen Freiheitskriege, die vaterländischen Tischgesellschaften,
die Rückkehr zu deutscher Sitte und Ordnung, die einherging mit
neuerlichen Exklusionen von Frauen und Juden.

Für junge Jüdinnen und Juden – eingebunden in das rechtliche
Korsett der Ehe- und Aufenthaltsbeschränkungen (1812 waren 25
Prozent der Männer und Frauen in Berlin unverheiratet) – hatte
dieser Aufbruch allerdings sehr viel weitreichendere Konsequenzen gehabt: Die allgemeinere Lockerung der Sitten und die Nicht-
beachtung der religiösen Gebote bedeutete, dass sie nun auch

Beziehungen eingehen konnten mit Christinnen und Christen, was wiederum zum Anstieg der unehelichen Geburten führte, denn die Eheschließung hätte die Konversion vorausgesetzt. Letztendlich entschlossen sich jüdische Männer deutlich häufiger zu diesem Schritt und sie hatten auch mehr uneheliche Kinder als jüdische Frauen. Für diese war umgekehrt die Geburt eines illegitimen Kindes ungleich dramatischer, so dass sie sich in den kurzen Jahrzehnten der »freien Liebe« zwischen 1770 und 1805 tatsächlich häufiger taufen ließen als Männer. Sicher gab es bei beiden Geschlechtern auch Übertritte aus echter Überzeugung, sei es, dass einem das Christentum als die »zeitgemäße« Religion galt, sei es, dass man dort die eigenen spirituellen Bedürfnisse eher erfüllt fand.

Auf jeden Fall war ein Glaubenswechsel für Frauen meist prekärer als für Männer, denn sie waren schon aus Subsistenzgründen auf ein funktionierendes soziales, meist familiäres Umfeld angewiesen, dessen sie durch die Taufe meist verlustig gingen – nicht zufällig ließ sich selbst eine so selbständige Frau wie Henriette Herz erst nach dem Tod ihrer Mutter taufen, und sie war kein Einzelfall. So waren es eher wohlhabende jüdische Männer, die sich die Ehe mit adligen oder bürgerlichen Christinnen aus gutem Hause leisten konnten, während jüdische Frauen eher eine solche Ehe eingingen, um sich auf niedrigem Niveau materiell abzusichern: Ein Dienstmädchen, das einen Handwerker oder Soldaten heiratete, wäre dann der klassische weibliche Konversionsfall um 1800. Tatsächlich waren die erhöhten Konversionsraten in den großen Städten – im Berlin jener Jahre ca. sieben Prozent – vor allem ein Eliten- und Armutsphänomen. Während Letzteres kaum in den Blick geriet, sah es in der zeitgenössischen Wahrnehmung so aus, als würde bald die gesamte jüdische Oberschicht Berlins konvertieren – immerhin waren von den 32 Enkelkindern von Daniel Itzig (1723-1799) nur acht jüdisch geblieben und von sechs Mendelssohnkindern zwei.

Natürlich war dies Wasser auf die Mühlen der traditionellen Gemeindemitglieder, die in jeder Modernisierung eine Gefahr sahen – und die Taufe galt ihnen als deren schlussendlich logische

Folge, so dass sie sich durch die zahlreichen prominenten Fälle in ihrer grundsätzlichen Skepsis gegen jede Neuerung nur bestätigt fanden. Allerdings hatte die Sorge um den Verlust der Gemeindeelite auch einen sehr handfesten Hintergrund, denn die ökonomischen Krisen der Jahrhundertwende hatten die sozialen Gegensätze innerhalb der Gemeinde deutlich verschärft: Nur noch knapp über ca. 40 Prozent waren im Jahre 1809 überhaupt in der Lage, Gemeindesteuern zu entrichten. In so einer Situation war der Verlust jedes wohlhabenden Steuerzahlers deutlich zu verspüren, zumal ab 1800 die Familientaufen in Mode kamen, so dass auch die potenzielle Nachkommenschaft aus gutem Hause gleich mit verloren ging. Am anderen Ende der sozialen Skala war man dagegen weniger empfindlich und vielleicht froh über jeden Fürsorgefall, der das Gemeindebudget nicht belastete. Auch dies ging oftmals zulasten der Frauen, wenn der Vorstand beispielsweise die Polizei aufforderte, schwangere jüdische Frauen – meistens Dienstmädchen – sofort auszuweisen. Im Jahre 1814 führte die Durchführung dieser Forderung dann zum Kindsmord einer verzweifelten, aus Berlin verwiesenen jungen Witwe. War dies sozusagen das tragische Armuts-Pendant zur konvertierten Salonière, so lebte die große Mehrheit der Berliner Juden und Jüdinnen ein weit weniger spektakuläres Leben, erwirtschaftete ihren Lebensunterhalt in Handwerker- und Händlerfamilien, manche auch als Kaufleute mit eigenem Laden, aber eher selten in sozial abgesicherter Position.

Diese »schweigende«, alles andere als wohlhabende Mehrheit innerhalb der jüdischen Gemeinde lebte um 1800 immer noch traditionell, auch wenn man sich selbst in diesem Milieu äußerlich der Umgebung anpasste und als Mann beispielsweise einen der drei »Bartzwicker« aufsuchte, die die Kinnbehaarung so entfernten, dass sie mit dem jüdischen Gesetz vereinbar war. Dieses, bald »orthodox« genannte fromme Milieu sollte das Gemeindeleben bis zur Mitte des 19. Jahrhunderts dominieren, und zwar durchaus auch in anderen Städte, die, wie Königsberg oder Hamburg, während der stürmischen Jahre des späten 18. Jahrhunderts zu den Vorreitern der *Haskala* gezählt hatten.

Die jüdische Aufklärung hatte also zunächst zu einer internen Ausdifferenzierung und weniger zu einer Modernisierung des jüdischen Lebens in den deutschen Ländern geführt. Lediglich in den urbanen Zentren hatte der Aufruhr der vergangenen Jahrzehnte bleibende Spuren hinterlassen: Hier sollte nach und nach ein breiteres, bürgerlich-jüdisches Leben entstehen, das den kulturellen Geschmack seiner Umgebung nicht nur teilte, sondern aktiv mit prägte. Die Männer dieser urbanen jüdischen Intelligenz engagierten sich schon bald weniger für innerjüdische Reformen als für den politischen Emanzipationskampf der Minderheit, der mit dem preußischen Edikt von 1812 zwar keinen krönenden Abschluss, aber immerhin einen Etappensieg errang. Die Atmosphäre in den von jüdischen Frauen geprägten Salons hat, wenn überhaupt, nur indirekt zu dieser Entwicklung beigetragen: So trat z.B. Wilhelm von Humboldt, einst Dauergast bei Rahel Levin und selbst keineswegs frei von antijüdischen Ressentiments, als einer der ganz wenigen für eine vollständige und bedingungslose staatsbürgerliche Gleichstellung der Juden ein. Diese sollte noch viele Jahrzehnte auf sich warten lassen und für die große Mehrheit der Juden in den deutschsprachigen Ländern blieben die dramatischen Berliner Ereignisse der Aufklärungszeit ferne Geschichten von ihnen kulturell wie emotional fremden Männern und Frauen.

Von der Männerreligion zur Frauenreligion?

Ungeachtet aller Berliner Turbulenzen lebte die große Mehrheit der Juden in den deutschen Ländern zu Beginn des 19. Jahrhunderts weiterhin im gewohnt traditionellen religiösen Rahmen und vorwiegend, zu ca. 80 Prozent, auf dem Land. Vermutlich interessierte man sich in einem badischen Dorf oder einer pommerschen Kleinstadt um 1810 sehr viel mehr für die Schritte zu einer rechtlichen und damit auch ökonomischen Verbesserung der eigenen Situation als für »neumodische« religiös-philosophische Debatten. Dennoch sollten diese im Verlauf des Jahrhunderts die innerjüdische Diskussion dominieren und in zahlreichen Gemeinden immer wieder zu kleineren und größeren Auseinandersetzungen führen, an deren Ende schließlich ein transformiertes, ein zutiefst von bürgerlichen Werten durchdrungenes Judentum stand. Im Zentrum dieses Prozesses befand sich die jüdische Familie und somit auch die jeweiligen geschlechtsspezifischen Erwartungen an Männer und Frauen.

Die erste Generation der *Maskilim* hatte, wie gezeigt, die Situation der Mädchen und Frauen kaum im Blick gehabt. Lediglich als Zusatzargument wurden sie gelegentlich, wie hier von David Friedländer (1750-1834), in allgemeine Überlegungen miteinbezogen: »Unsere Frauenzimmer endlich, die beinahe noch mehr vernachlässigt werden und gar keinen religiösen und sittlichen Unterricht erhalten, würden bei der Einführung der reinen deutschen Sprache und einer deutlichen und verständlichen Lehrart noch mehr gewinnen (als die Knaben), da sie die Gelegenheit bekämen, Kopf und Herz zu bilden, und die Pflichten kennenzulernen, die ihnen als die nicht minder wichtige Hälfte des menschlichen Geschlechts obliegen.«[11]

---

[11] Ha-Meassef 1788, Sonderbeilage (Sendschreiben), zitiert nach Mordechai Eliav, Jüdische Erziehung in Deutschland im Zeitalter der Aufklärung und der Emanzipation, Münster 2001, S. 352f.

Solche Gedanken zogen jedoch zunächst keinerlei konkrete Schritte nach sich und umso überraschter scheint man auch seitens der Aufklärer gewesen zu sein, als sich weibliche Modernisierungsbedürfnisse plötzlich so individuelle und vollkommen »unjüdische« Wege bahnten. Aber nicht nur weil das Judentum einigen wenigen Frauen der Oberschicht »keinen Raum für die eigenen Füße« (Rahel Levin) mehr bot, begann man um 1800 in Reformkreisen intensiver über Mädchenbildung nachzudenken. Vielmehr schien das gesamte Gefüge der Generationen- und Geschlechterbeziehungen ins Wanken geraten zu sein, und so war es sicher kein Zufall, dass auch *Maskilim* wie Euchel oder Wolffsohn – wie ihre aufklärerischen Theaterstücke belegen – die Rettung aus den dramatischen Krisen letztlich in der wohlgeordneten, den Weg der Aufklärung besonnen beschreitenden jüdischen Familie sahen.

Dieses neue Interesse an Familie und Frauen lässt sich jedoch nur vor dem Hintergrund der Geschlechterdebatte verstehen, die zeitgleich in der christlichen Gesellschaft geführt wurde und eine schier unendliche Zahl von philosophischen, theologischen und literarischen Texten hervorbrachte, in denen die »naturgegebenen«, polar gedachten Geschlechterrollen endgültig fest- und der Familie als primärem, vorbildlichen gesellschaftlichen Ordnungsraum quasi sakrale, mindestens jedoch staatsbildende Bedeutung zugeschrieben wurden.

In der jüdischen Gemeinschaft nun verband sich dieser allgemeine Diskurs mit den spezifischen Partizipationswünschen, politischen Hoffnungen und religiösen Bedürfnissen einer Minderheit und so beschäftigte sich während des gesamten 19. Jahrhunderts eine schier endlose Menge von Predigten, Büchern und Zeitschriftenartikel immer wieder mit »der jüdischen Frau«, mit ihrer Rolle in Judentum und Familie, ihrer Religiosität, ihrer Sittlichkeit. Dass die »jüdischen Meisterdenker« (Lässig) ihre Reformüberlegungen, Projekte und Diskussionen in derart hohem Maße auf die weibliche Hälfte ihrer Gemeinschaft konzentrierten, hatte nicht zuletzt auch damit zu tun, dass die männliche Observanz, wie gezeigt, in den (groß)bürgerlichen Schichten schon ab-

zunehmen begann und man zudem auf Seiten der Reformer ohnehin davon überzeugt war, dass sich die traditionelle religiöse
Praxis der Männer immer weniger mit einer bürgerlichen Lebensführung und den Anforderungen des modernen Geschäftslebens
würde vereinbaren lassen. Dies gefährdete nicht nur das Überleben des Judentums als religiös definierter Gemeinschaft insgesamt, sondern musste auch die vormoderne, auf Ausschluss der
Frauen von Thorastudium und hebräischen Gebeten basierende
Geschlechterhierarchie nachhaltig erschüttern. Insofern ging es
den Reformern letztlich darum, für beide Geschlechter, also auch
für die bisher marginalisierten Frauen, neue religiöse Rollen zu
finden, wobei die Frauen in dem Maße in den Fokus rückten, in
dem die *Halacha* als ein den Alltag strukturierendes Religionsgesetz an den Rand rückte und »Religion« zu einem individuellen
und vor allem familiären Erlebnis wurde. Das wichtigste Medium
zur Verbreitung dieser frohen Botschaft waren deutschsprachige
Zeitschriften, später auch Bücher, die sich schon qua Sprache
dezidiert an ein weibliches Lesepublikum richteten. In den ersten
Jahren der auf die Frauen gerichteten Reformeuphorie, also etwa
zwischen 1800 und 1820 kam es gleich zu mehreren solcher
Neugründungen, von denen die wichtigste die seit 1806 in Dessau
erscheinende »Sulamith« war, die als einzige eine prominente
Frauenfigur gleich im Titel führte. In zahlreichen Artikeln und
hier abgedruckten Predigten bemühten sich die Herausgeber David Fränkel (1779-1865) und Joseph Wolf (1762-1826) sowie viele
weitere Autoren darzustellen, inwiefern spezifische, nun dem
weiblichen Geschlecht zugeschriebene Charaktereigenschaften
wie Gefühlstiefe, Innerlichkeit und ästhetisches Empfinden die
jüdische Frau geradezu dazu prädestinierte, das »innere Wesen«
des Judentums in seiner reformierten Form zu bewahren, in ihren
Häusern zu zelebrieren und so bedeutungsvoll wie emotionsge-
laden an ihre Kinder weiterzugeben. Angesichts der vielfach sicher noch traditionell lebenden Leserschaft war man sehr wohl
darauf bedacht, diese neue Rolle an Altbekanntes anknüpfen zu
lassen, und so war die »Priesterin des Hauses«, die am Shabbat
die Kerzen anzündet, nicht zufällig das immer wieder zitierte

Lieblingsbild der Reformer – schließlich war dies die einzige bedeutende religiöse Funktion, die Frauen auch im traditionellen Judentum immer schon zu erfüllen hatten, von den Reinheitsgeboten einmal abgesehen, die sich jedoch schlecht in Familienereignisse umwandeln ließen. In immer neuen und warmen Farben ausgemalt, wurde es zur Ikone einer neuen Frauenrolle, die Familie und jüdische Religion für alle sichtbar und harmonisch zu verbinden wusste.

Um diese Aufgabe wirklich, inhaltlich wie gefühlsmäßig ausfüllen zu können, mussten Frauen, da waren sich die Reformer einig, auch im öffentlichen Bereich in das religiöse Leben ihrer Gemeinschaft miteinbezogen werden, und so setzten sich die Autoren von »Sulamith« und anderen Zeitschriften dezidiert für eine größere Teilhabe von Frauen sowohl am Gottesdienst als auch am Gemeindeleben ein: Religionsunterricht und die »Konfirmation« für Mädchen, die Einführung der deutschen Predigt und deutscher Gebete waren die wichtigsten Pfeiler des geschlechtsspezifischen Reformprogramms, dass sich ja letztlich an Frauen als Mütter richtete, die religiöses Wissen und Empfinden schließlich nur weitergeben konnten, wenn sie selbst davon durchdrungen waren.

Hier waren also zunächst einmal, aus Sicht der Reformer, deutliche Defizite gegenüber den Männern auszugleichen, die von ihnen aber sehr wohl ebenfalls in die Pflicht genommen wurden, was ihre Rolle als Väter und Erzieher anging. Allerdings ging es auch hier weniger um die Vermittlung jüdischen Wissens, dessen Grundkenntnisse man den eigenen Geschlechtsgenossen immerhin noch zutraute, als um die charakterliche Vorbildfunktion, um treue Pflichterfüllung und Verantwortlichkeit, die den idealen Ehemann und Vater auszeichnete. Schließlich waren, so das familiäre Idealbild, beide Elternteile gefordert, um kluge und erfolgreiche Söhne und sittsame und empfindsame Töchter großzuziehen. Das väterliche Vorbild jedoch bezog sich nun nicht mehr auf das traditionelle Lernen, das von den Reformern auffallend selten erwähnt wird, sondern auf die bürgerliche Rolle des Ernährers und Beschützers, des Staatsbürgers und Vermittlers zur Außenwelt: »Man sieht auf Dich! Dein Haus ist eine Erziehungsanstalt, in welcher Menschen gebildet werden für den Staat, für das Land, für die Welt, für den Himmel!«[12], lautete etwa der nicht gerade bescheidene Appell eines der bedeutendsten Reformpredigers, Gotthold Salomon (1784-1862), an »den jüdischen Vater«. Die Erwartungen, die hier an die Männer herangetragen wurden, waren also keineswegs geringer als diejenigen, mit denen die Frauen zu »Hüterinnen der Tradition« befördert wurden, allerdings waren die männlichen Reformadvokaten gleichzeitig nur allzu bereit, die Grenzen der männlichen Belastbarkeit in ihr Projekt mit einzuberechnen und dies wiederum als Aufgabe an die Frau weiterzureichen: »Es ist bald der Ruhm, bald die Ehre, bald das Amt, bald das Gewerb, das ihn vor dem Fall bewahrt... er stürzt sich in den Strudel der Weltgeschäfte und wird zerstreut auf tausend Wegen... Euch aber, fordert die Außenwelt nicht, und wenn sie euch riefe – ihr könnt und dürfet ihren Forderungen nicht genügen. Euer Haus ist euer Wirkungskreis! ... Du bist des Hauses Seele – wehe dir, wenn diese Seele erkrankt, wie will sie die Hülle beleben?«[13]

Insofern bedeutete die Familiarisierung der jüdischen Religion – und dies war vermutlich ihr Erfolgsgeheimnis – einerseits einen beeindruckenden Bedeutungs- und Verantwortungszuwachs für die Ehefrau und Mutter, während gleichzeitig der Verzicht auf eine halachisch begründete Vorherrschaft des Mannes kompensiert wurde durch seine bürgerliche Aufwertung als alleiniges, ökonomisch verantwortliches Familienoberhaupt. Indem die Familie ins Zentrum der gelebten jüdischen Frömmigkeit rückte und damit die Fortexistenz der Minderheit gewährleisten sollte, wurde die traditionelle Geschlechterhierarchie lediglich religiös neu verankert, aber nicht grundsätzlich verändert. An einer so verstandenen Re-Definition konnten sich daher auch nach und

---

[12]   Gotthold Salomon, Das Familienleben, Drei Predigten, gehalten im neuen israelitischen Tempel zu Hamburg, Hamburg 1821, zitiert nach: Simone Lässig, Religiöse Modernisierung, Geschlechterdiskurs und kulturelle Verbürgerlichung. Das deutsche Judentum im 19. Jahrhundert, in: Kirsten Heinsohn/Stefanie Schüler-Springorum (Hg.), Deutsch-jüdische Geschichte als Geschlechtergeschichte, Studien zum 19. und 20. Jahrhundert, Göttingen, 2006, S. 45-84, S. 63.

[13]   Ebd., S.71.

nach alle religiösen Richtungen beteiligen, da ja das Religionsgesetz im Kern nicht verändert wurde und Frauen den Männern hier nach wie vor *nicht* gleichgestellt waren: weder galten für sie die täglichen Gebetspflichten, noch konnten sie zum *Minyan* gezählt oder zur Thoralesung gerufen werden, geschweige denn ein religiöses Amt ausfüllen. Zwar hatte der radikalste unter den Reformern, Abraham Geiger (1810-1874), schon 1837 die Gleichstellung der jüdischen Frau im Religionsgesetz gefordert[14] und 1846 wurde von seinem Kollegen David Einhorn (1809-1879) ein entsprechender Bericht auf der Rabbinerkonferenz in Breslau vorgetragen, der jedoch kaum diskutiert geschweige denn zur Abstimmung gebracht wurde – alle Anfänge einer grundsätzlichen, an die Fundamente gehenden Diskussion über die Rolle der Frau im Judentum sollten letztlich folgenlos bleiben. Stattdessen wusste zehn Jahre später auch der Vordenker der Neoorthodoxie, Samson Raphael Hirsch (1808-1888), sich die bürgerlichen Geschlechterstereotype zu nutze zu machen und den Ausschluss der Frauen damit zu legitimieren: Gerade *weil* Frauen eben von Natur aus gefühlsmäßig dem Religiösen näher stünden als Männer, bräuchten sie keine rituellen Handlungsverpflichtungen, durch die das starke, aber leicht ablenkbare Geschlecht immer wieder an seine Nähe zu Gott erinnert werden müsste.

Blieb also das Religionsgesetz unangetastet, konnten Reformkräfte nach und nach Erfolge in jenen Bereichen verzeichnen, in denen die Erweiterung der weiblichen Partizipation sich argumentativ überzeugend als positiv für die jüdische Gemeinschaft als Ganzes ausweisen ließ. Schauplatz der ersten Auseinandersetzung um *die* öffentliche Manifestation gelebter Religiosität, um eine Reform des Gottesdiensts, sollte wieder einmal Berlin sein und die Gemeinde sogar bis an den Rand der Spaltung bringen. Hier lebte zwar nur mehr ca. die Hälfte der Bevölkerung um 1812 noch traditionell, aber umso mehr verteidigte sie den religiösen Charakter ihrer Einrichtungen. Und wieder einmal (und für lange

---

14 Abraham Geiger, Die Stellung des weiblichen Geschlechtes in dem Judenthume unserer Zeit, in: Wissenschaftliche Zeitschrift für jüdische Theologie, 3, 1837, S. 1-14.

Zeit zum letzten Mal) stand eine Frau im Mittelpunkt des Kon-
flikts: die wohlhabende Amalie Beer (1767-1854), Urenkelin der
Hoffaktorin Esther Liebmann und Mutter des Komponisten Gia-
como Meyerbeer (1791-1864). Nachdem sich der reformorientier-
te Rabbiner Israel Jacobson (1768-1828) mit der Gemeinde zerstritten hatte, bot sie ihm 1815 einen Raum zur Abhaltung von
Gottesdiensten in ihrem Haus an. Dieser wurde jedoch bald zu
klein, so dass Beer 1817 eine Privatsynagoge auf dem eigenen
Grundstück errichten ließ, in der bis zu tausend Gläubige Platz
fanden, wobei sich Männer und Frauen zwar getrennt, aber im
selben Raum gegenüber saßen. Die Zahlen der Gottesdienstbe-
sucher, immer mehrere hundert – und dies bedeutete einen Großteil der erwachsenen Berliner Juden und Jüdinnen – sprechen für
sich: Die dort abgehaltenen Gottesdienste, mit christlicher und
jüdischer Musik sowie einer auf deutsch gehaltenen Predigt waren für beide Geschlechter hochattraktiv und die in diesem Umfeld entstandenen Publikationen wie Gotthold Salomons Schrift
»Selimas Stunden der Weihe«[15], die Amalie Beer gewidmet war,
stießen auf großes Interesse gerade bei weiblichen Lesern. So war
es auch keineswegs religiöse Indifferenz, sondern die preußische
Judenpolitik, die dieses erfolgreiche Experiment nach längeren
Kämpfen im Jahre 1823 beendete, da man staatlicherseits kein
Interesse hatte an der Entstehung unkontrollierbarer »Sekten«,
dafür umso mehr an durch den Reformstopp motivierten Übertritten zum Christentum. Die Berliner Reformer waren somit in
den privaten »Untergrund« gezwungen und der letzte Schwung
der *Haskala* kam hier für zwei Jahrzehnte zum Erliegen.

Dies bedeutete jedoch keineswegs das Ende der Initiativen für
eine Reform des Gottesdienstes, sondern lediglich eine regionale
Verlagerung: In Hamburg z.B. konnte der 1818 gegründete Re-
formtempel weiter bestehen und erfreute sich in den ersten Jahren großen Zulaufs, vor allem seit mit Gotthold Salomon einer
der eloquentesten Kanzelredner seiner Zeit dort seinen Dienst

---

[15]   Selimas Stunden der Weihe. Eine moralisch-religiöse Schrift für Gebildete des
weiblichen Geschlechtes, Leipzig 1816.

versah. Emotional berührend, tiefschürfend moralisch, geistig anregend und noch dazu in wohlgesetzten Worten sein Publikum mitreißen zu können – dies war das Ideal von Reformpredigern wie Salomon oder auch Joseph Wolf in Dessau. Ob sich tatsächlich das weibliche Publikum besonders für sie begeisterte – wie manch zeitgenössischer Bericht unterstellt – oder ob nicht Männer diese seelisch-religiöse Erbauung ebenfalls genießen konnten, sei dahingestellt. Die deutsche Predigt war das früheste – auch hier waren die Dessauer Reformer im Jahre 1808 Pioniere – und erfolgreichste Reformprojekt und sicher ist, dass die Initiatoren damit die Überzeugung verbanden, vor allem die empfindsameren und gefühlvolleren Frauen ästhetisch auf ihre Seite zu ziehen und damit langfristig positiv auch auf die Erziehung der Töchter einzuwirken. In die gleiche Richtung zielte die – bis ins späte 19. Jahrhundert in vielen Gemeinden bitter umkämpfte – Einrichtung einer Orgel und die Einführung von gemischtem Chorgesang, durch die der Gottesdienst, einst alleinige Domäne hebräisch betender Männer, zu einem kulturellen Gesamterlebnis werden sollte. Wie revolutionär diese Änderungen letztlich waren, wird deutlich, wenn man sich die vergleichsweise langsamen Veränderungen in der Synagogenarchitektur vor Augen führt: Erst nach und nach wurde die Frauenempore so eingerichtet, dass die dort Sitzenden überhaupt den Gottesdienst verfolgen konnten, aber nur äußerst selten kam es, wie in der 1854 eingeweihten Berliner Reformsynagoge, zu getrennten Männer- und Frauensitzreihen in einem gemeinsamen Raum. Bis zu gemischten Sitzarrangements sollte es mehr als siebzig Jahre dauern, als nach langen Kontroversen in der Gemeinde 1930 eine solche Synagoge in der Prinzregentenstrasse geweiht wurde.

Eine ebenso fundamentale, allerdings die individuelle Frömmigkeit betreffende Veränderung war die Einführung deutschsprachiger Gebetbücher für Frauen, später sogar für Frauen und Männer gemeinsam. Jiddischsprachige religiöse Erbauungsliteratur, Bibelkommentare und Gebetbücher wie die *tzeneurenne* und die *tchines* wurden bis weit ins 19. Jahrhundert hinein benutzt, gerieten jedoch nach und nach aus der Mode: Sie waren für den häuslichen Gebrauch bestimmt und drehten sich inhaltlich um frühneuzeitliche weibliche Sorgen wie Lebensunterhalt, Krankheit oder Schwangerschaft, die zwar durchaus noch aktuell waren, aber den Bedürfnissen einer bürgerlichen Jüdin nur begrenzt entsprachen, die nun vor allem um Weisheit und Kraft zur Erfüllung ihrer Pflichten als gute Ehefrau und Mutter bitten wollte. Bei den *tzeneurenne* lässt sich sogar nachweisen, wie allzu explizit sexuelle Inhalte im Laufe des 19. Jahrhunderts einer bürgerlich-puritanischen Zensur zum Opfer fielen. Da also die althergebrachte jiddische Frauenliteratur weder sprachlich noch inhaltlich den neuen Sittlichkeitsnormen entsprach und Gebete in hebräischer Sprache eine letzte Bastion der Männer blieben, begannen die Reformer schon bald, moderne Gebetbücher in deutscher Sprache vorzulegen, die sich im Laufe des Jahrhunderts immer stärker am protestantischen Modell der »stillen Andacht« orientierten. Peter Beers (1758-1938) im Jahre 1815 in Prag veröffentlichtes »Gebetbuch für gebildete Frauenzimmer mosaischer Religion« machte den Anfang, ihm sollten vor allem ab den 1830er Jahren viele weitere, von Männern zusammengestellte Bücher folgen, bis schließlich die Rabbinerwitwe Fanny Neuda (1819-1894) im Jahre 1855 mit den »Stunden der Andacht« die erste von einer Frau verfasste Sammlung vorlegte: Sieben Auflagen in zwölf Jahren verweisen auf ein weiterhin großes Bedürfnis nach individueller weiblicher Frömmigkeit. Gleichzeitig, also in den Jahren um 1850, erschienen deutsche Gebetbücher für Männer und Frauen sowie immer mehr hebräisch-deutsche Übersetzungen der traditionellen Liturgie, die gemeinsam im Gottesdienst benutzt werden konnten – ein weiterer revolutionärer Schritt hin zum Prinzip der Familienreligion, der so auch im öffentlichen Raum Ausdruck verliehen wurde. Allerdings galt es auch hier geschlechtsspezifische Sensibilitäten zu beachten: Das traditionelle *she lo asani isha* Gebet zum Beispiel, bei dem der Mann seinem Gott dankt, dass dieser ihn nicht als Frau erschaffen hat, und das von frühen *Maskilim* wie Isaac Euchel noch als völlig unproblematisch empfunden worden war, entsprach fünfzig Jahre später nicht mehr dem reformerischen Zeitgeist, so dass man hier nach neutralen Übersetzungen suchte (»nach seinem Willen«) oder es ganz wegfallen ließ. Dass dies nicht immer nur ideologische Spiegelfechtereien unter Männern waren, belegt ein Vorfall aus Mannheim aus dem Jahre 1855, bei dem es um die Entlassung eines Reformrabbiners ging, für den sich männliche und weibliche Gemeindemitglieder in getrennten Petitionen einsetzten. Dabei führten die Frauen als wichtiges Argument das *she lo asani* an, diesen aus ihrer Sicht »Frauenwürde und Frauenwert tief kränkenden Segensspruch«, durch den sie sich immer »tief verletzt« und »schmerzlich berührt« gefühlt hätten. Der bewusste Rabbiner hätte ihnen erst durch dessen Auslassung eine angemessene Andacht ermöglicht, nun aber befürchteten sie, dass seine Entlassung das »Vorspiel zu weiterer Verkümmerungen« des Gottesdienstes aus weiblicher Sicht bedeuten könnte.[16]

Während Frauen sich jedoch allgemein eher selten öffentlich in dieser Weise zu Reformideen äußerten, war eines der sichtbarsten äußeren Zeichen der angestrebten Gleichstellung der Geschlechter im Gottesdienst die sogenannte Konfirmation. Schon sehr früh, zum ersten Mal im Jahre 1803, hatten die radikalsten Reformer in Dessau damit begonnen, die traditionelle Bar Mitzwa Feier für Jungen in eine an den protestantischen Ritus angepasste Konfirmationsfeier umzuwandeln, als Gruppenveranstaltung mit einer »Prüfung« statt Thoralesung, erbaulicher Predigt und Gesängen. Mädchen wurden erstmal im Jahre 1814 in einer privaten jüdischen Schule in Berlin konfirmiert, drei Jahre später folgte im Beerschen Tempel die erste gemeinsame Konfirmationsfeier für Jungen und Mädchen, deren hohe Symbolkraft nicht zu unterschätzen ist: Erstmals in der jüdischen Geschichte standen auch Mädchen als Mitglieder der Gemeinde vor dem Thoraschrein. Der Berliner Initiator Eduard Kley (1789-1867) nahm diese Innovation ein Jahr später mit nach Hamburg; im fernen Königsberg wurden erstmals 1823 Mädchen »eingesegnet« und bis zur Jahrhundertmitte hatte sich dieser Brauch in zahlreichen

---

[16] Zitiert nach Adolf Lewin, Geschichte der badischen Juden seit der Regierung Karl Friedrichs 1738-1909, Karlsruhe 1909, S. 331.

deutschen Gemeinden wenn schon nicht allgemein durchgesetzt, so doch zumindest als eine Variante etabliert.

Überall war dies eng verknüpft mit Initiativen zur Begründung einer religiösen Ausbildung auch der Mädchen. Das Bildungsprojekt der *Maskilim* hatten sich zunächst, wie gesagt, nur auf Jungen konzentriert, aber schon bald folgte überall, wo reformerische »Freischulen« für Knaben gegründet worden waren, das entsprechende weibliche Pendant: Den frühen Anfang hatte – begünstigt durch die habsburgische Toleranzgesetzgebung – Prag gemacht, wo drei Jahre nach der Jungen- im Jahre 1785 auch eine Mädchenschule entstand, gefolgt von Hamburg 1798 und dann ab 1800 in rascher Folge Breslau, Frankfurt am Main und Dessau. Bezeichnenderweise ließ das Zentrum der *Haskala*, Berlin, wo schon 1778 die erste Freischule für Jungen entstanden war, im Hinblick auf die weibliche Bildung am längsten auf sich warten: 1809 bzw. 1818 kam es zu zwei privaten Gründungen, während die erste von der Gemeinde getragene Mädchenschule erst 1835 ins Leben gerufen wurde.

Ziel all dieser Schulen war es, jüdischen Jungen und Mädchen der Unterschicht ein Mindestmaß an religiösem und weltlichen Wissen zu vermitteln, wodurch man hoffte, nach und nach auch die bürgerlichen Familien vom Konzept der jüdischen Bildung für beide Geschlechter überzeugen zu können. Dabei war eine zu ambitionierte Ausbildung der Mädchen, deren eigentliche Berufung ja Haus und Kinder waren, auch in den besseren Kreisen von Anfang an keineswegs unumstritten. So schildert Gotthold Salomon in kritischer Absicht die Argumente dieser »artigen jungen Herrchen«: »Was nützt es ihnen, dass sie kultiviert sind und einen guten Unterricht genossen haben, können sie etwa Gebrauch davon machen? Sollen sie in ihrer Küche französisch sprechen, bei der Kinderwiege ihre musikalischen Talente üben?«[17]

---

[17]   Gotthold Salomon, in: Sulamith 1/1 (1806), S. 219, zitiert nach: Johannes Valentin Schwarz, »Einige Worte an junge Frauenzimmer«. Mädchen und Frauen als Zielpublikum jüdischer Periodika in Deutschland vor 1850, in: Eleonore Lappin/Michael Nagel (Hg.), Frauen und Frauenbilder in der europäisch-jüdischen Presse von der Aufklärung bis 1945, Bremen 2007, S. 35-54, S. 49.

Zu gern wüsste man, ob es sich bei diesen »Herrchen« nicht auch um Anhänger von Reform und Fortschritt gehandelt haben könnte, die sicher nicht nur in Ausnahmefällen rasch an die Geschlechtergrenzen stießen.

Erst durch die Einführung der allgemeinen Schulpflicht für jüdische Kinder und die weitgehende Reglementierung des jüdischen Schulwesens zu Beginn der 1820er Jahre erlebte dieses einen deutlichen Aufschwung. Allerdings machte sich schnell die Tendenz bemerkbar, dass viele Eltern ihre Töchter, die traditionell ja ohnehin keine religiös geprägte Ausbildung erhalten hatten, eher auf die allgemeinen Volksschulen schickten und die von der Gemeinde eingerichteten »Bibelstunden« den Mangel an religiöser Bildung gerade der Mädchen nicht kompensieren konnten – ein Trend, dem um die Jahrhundertmitte auch immer mehr Jungen folgten, so dass das jüdische Schulwesen bis 1871 fast ganz verschwunden war. Eine kleine, aber erfolgreiche Ausnahme bildete das minoritäre Schulwesen der neoorthodoxen Gemeinden, das, angeregt von Samson Raphael Hirsch, seit Mitte des Jahrhunderts erst in Frankfurt, später auch in Hamburg, Halberstadt, Fürth und Würzburg konsequent großen Wert auf die weibliche Bildung legte, anfangs sogar koedukativ arbeitete und so mehrere Generationen religiös und weltlich gut ausgebildeter junger Frauen heranzog.

Wenngleich also alle Reformbemühungen, auch des traditionellen Lagers, letztlich nicht an der traditionellen Geschlechterhierarchie rüttelten, so eröffneten die sich über ein Jahrhundert hinziehenden Veränderungen der religiösen Kultur im deutschen Judentum beiden Geschlechtern mehr Freiräume für eine individuelle Ausgestaltung der eigenen Frömmigkeit. Dahinter stand jedoch ein viel tiefgreifender Wandel, den man mit den Schlagwörtern der Verbürgerlichung und Feminisierung der jüdischen Religion zu umschreiben versucht: In dem Maße, in dem sich die Reformer darum bemühten, die Praxis jüdischer Religion nach bürgerlichen Maßstäben auszurichten, sie zu ästhetisieren und vor allem zu familiarisieren, wurden einerseits viele Bereiche nun auch für Frauen zugänglich. Die gleichzeitige Aufwertung dieser

Bereiche bewirkte andererseits, dass nun auch Männern ein größeres Feld der religiösen Ausdrucksmöglichkeiten ohne Ansehensverlust zur Verfügung stand.

Dieser Prozess fand zeitgleich auch in anderen religiösen Kulturen wie z.B. dem Protestantismus statt. Die Feminisierung des Religiösen war also ein allgemeines Phänomen der Modernisierung im 19. Jahrhundert, nicht eines der jüdischen Minderheit allein. Im Gegensatz aber zum Protestantismus, wo dadurch beispielsweise die männliche Observanz rapide sank – in manchen Gegenden machten Frauen bis zu siebzig Prozent der Kirchgänger aus –, scheinen jüdische Männer diese erweiterten Angebote durchaus angenommen und auf unterschiedliche Weise für sich genutzt zu haben. So blieb die Synagoge z.B. allen Reformbemühungen zum Trotz vorwiegend ein Ort der Männer: noch 1920 besuchten in Hamburg 48 Prozent der Männer, aber nur 26 Prozent der Frauen die Gottesdienste an den Feiertagen. Lediglich in manchen liberalen Großstadtsynagogen außerhalb der Feiertage stellten Frauen zuweilen die Mehrheit der Besucher. Andererseits blieben in Köln schon in der Mitte des 19. Jahrhunderts fast alle Geschäfte am Shabbat geöffnet, während gleichzeitig die Benutzungszahlen der *Mikwaot*, der rituellen Tauchbäder, gerade in den größeren Städten sanken: 1906 besaßen nur noch 55 Prozent der Gemeinden überhaupt eine *Mikwe*, insgesamt wurden diese um die Wende vom 19. zum 20. Jahrhundert von ca. fünfzehn Prozent der Frauen genutzt. Und selbst Regina Jonas (1902-1944), die 1935 als erste Frau das Rabbinerdiplom erhielt, durfte in den dreißiger Jahren nicht in der Neuen Synagoge in Berlin predigen, sondern lediglich in deren Vorraum religiöse Feiern abhalten und sich ansonsten um die Seelsorge in Altersheimen und Krankenhäusern kümmern.

Solche disparaten Zahlen belegen letztlich nur, dass die sich pluralisierenden Ausdrucksformen der Religiosität beider Geschlechter nicht quantifizieren lassen, zumal es sich hierbei um fluide, sich beschleunigende oder auch wieder verlangsamende Entwicklungen handelt, die nicht nur innerhalb einer Familie, sondern oftmals auch im Leben einer einzelnen Person wider-

sprüchlich verlaufen konnten: Man tat das eine, ohne das andere
zu lassen, mokierte sich über das dritte und hielt das vierte für
vollkommen unverzichtbar. Sicher ist nur, dass am Ende dieses
sich über mehr als hundert Jahre hinziehenden Prozesses, allen
Reformbemühungen zum Trotz, sowohl die öffentlich sichtbaren
Zeichen von Gläubigkeit abnahmen als vermutlich auch die individuelle Frömmigkeit – und dass dies meist eine Entwicklung
über mehrere Generationen hinweg war. Gleichzeitig erhielten
sich vielerlei identitäre jüdische »Versatzstücke« in familiären
Ritualen, in Essgewohnheiten oder bestimmten Redewendungen,
ohne dass diese unbedingt religiös rückgebunden sein mussten.
Zudem gerät leicht in Vergessenheit, dass es immer auch große
Beharrungskräfte traditionellen Glaubens gab und dass bis weit
ins 19. Jahrhundert hinein ein lebendiges, frommes jüdisches
Milieu existierte, nicht nur, aber vor allem auf dem Land, das sich
vom Reformenthusiasmus der (bald nicht mehr ganz so) jungen
Prediger keineswegs mitreißen ließ. Schließlich spricht es für
sich, dass diese ihre Klagen, Appelle und Beschwörungsformeln,
etwa über den »hohen Wert des israelitischen Weibes« (Salomon)
über mehrere Jahrzehnte hinweg wiederholen mussten – auch die
neuen Geschlechterbilder verfingen also keineswegs sofort und
überall, weder bei Männern noch bei Frauen.

Die Frage der unterschiedlichen Ausprägung weiblicher und
männlicher Frömmigkeit im 19. Jahrhundert ist daher eines der
umstrittensten Themen der deutsch-jüdischen Historiographie,
wobei das Problem der diesbezüglichen Aussagekraft autobiogra-
phischer Zeugnisse im Zentrum der Debatte steht. In zahlreichen Memoiren werden die Großmütter und manchmal noch die
Mütter der Autorinnen und Autoren als besonders fromm ge-
zeichnet, es lassen sich jedoch auch Beispiele für das Gegenteil,
also für stärkere (groß-)väterliche Observanz finden oder für die
Empfindsamkeit junger Männer für den »eigentümlichen Zau-
ber« der Betgemeinschaft in der Synagoge. Einmal abgesehen
davon, dass eine bestimmte Erinnerung an die eigenen Eltern
oder Großeltern immer auch etwas zu tun hat mit den geschlechtsspezifischen Machtverhältnissen und Rollen innerhalb

einer Familie, so bleibt doch auf jeden Fall zu bedenken, dass die oft Jahrzehnte später verfassten Erinnerungen sehr viel mehr aussagen über nostalgisch in die Vergangenheit projizierte Wünsche und Bedürfnisse nach Stabilität und Sicherheit als über den Grad Jahrzehnte zurückliegenden Glaubens. Als solche, als Dokumente von retrospektiven Deutungen, sind sie allerdings durchaus aussagekräftig, und zwar vor allem im Hinblick auf die ungeheure Wirkungsmacht des von den Reformern seit 1800 so wortgewaltig beschworenen Bildes der Frau als »Priesterin des Hauses«[18], die am Freitagabend die Kerzen anzündet und so den harmonischen Zusammenhalt der Familie immer wieder rituell bekräftigt. Genau diese Szene findet sich zuhauf in der Memoirenliteratur und belegt somit die bis weit ins 20. Jahrhundert hinein anhaltende Bedeutung, die der jüdischen Familie mit der Frau im Mittelpunkt als *dem* zentralen Ort jüdischer Religion in der Moderne zugeschrieben wurde.

Im 19. Jahrhundert rückte die Familie also ins Zentrum der ideologisch untermauerten Identität der jüdischen Minderheit, und dies bedeutete, dass es die Familie – und nicht mehr das Bethaus – war, in dem »Religion« in erster Linie praktiziert und damit gleichzeitig der innerjüdische Zusammenhalt hergestellt werden sollte. Die familiäre Bürgerreligion band beide Geschlechter in unterschiedlichen Rollen in dieses System ein; anders als bei den christlichen Konfessionen, die zeitgleich einen ähnlichen Privatisierungsprozess durchliefen, hing hier jedoch nicht mehr nur das Überleben der religiösen Gemeinschaft, sondern das der Gemeinschaft überhaupt von einer im jüdischen Sinne »funktionalen« Familie ab. Dies wiederum vervielfachte den Druck auf *beide* Geschlechter innerhalb der so mit Erwartungen, Wünschen und Anforderungen überfrachteten Familie als »individuellem Aushandlungsort jüdischer Identität« (Volkov). Die Kehrseite der Überhöhung der Frau und Mutter in diesem feminisierten Judentum sollte sich alsbald zeigen: Als in Zeiten allgemeiner gesell-

---

[18]   Benjamin M. Baader, From the »Priestess of the Home« to »The Rabbi's Brilliant Daughter«, in: LBIYB XLIII (1998), S. 47-72.

schaftlicher Säkularisierung die Religion ihre Deutungsmacht zu verlieren begann und damit das ausgeklügelte System der weiblich dominierten Familienreligion als Kern des Judentums ins Wanken geriet, waren es wieder die Frauen, die für diese Entwicklung verantwortlich gemacht wurden, und nicht die Familienväter, Rabbiner oder Gemeindefunktionäre.

Die Jüdische Frau

Die in der *Haskala* wurzelnde bürgerlich-jüdische Familienideologie war ein Kind der Spätaufklärung und gerade deshalb so erfolgreich: In der Betonung einer angeblich besonderen Wertschätzung der Rolle der jüdischen Frau als Hüterin religiöser Praxis im Haus, der Tradition und der familiären Sittlichkeit schienen »altjüdische« und bürgerliche Werte zusammenzufließen, war und ist doch die Trennung von Privatheit und Öffentlichkeit ein Fixpunkt der bürgerlichen Geschlechterideologie, wie sie in den Geschlechterdebatten um 1800 entwickelt, biologisch begründet und damit gleichzeitig universalisiert festgeschrieben wurde: Der Mann ist rational und aktiv, sein Ort außer Haus, seine Aufgabe ist Arbeit, Wirtschaft, Politik und Wissenschaft – kurz: die Welt; die Frau ist emotional und passiv, ihr Ort ist im Haus, ihre Aufgabe ist das Wohlergehen des Mannes und die Erziehung der Kinder – kurz: die Familie.

Während sich auf religiösem Gebiet die männlichen und weiblichen Rollen tendenziell ähnlicher wurden, drifteten die Sphären im alltäglichen Leben für alle deutlich spürbar auseinander. Was bedeutete dies für beide Geschlechter? Und vor allem: Inwiefern entsprachen diese normativen Zuschreibungen der alltäglichen Praxis, inwieweit wurden sie durch eigensinniges Handeln von Männern und Frauen modifiziert oder verschoben – und was heißt dies wiederum für die Ausprägung weiblicher und männlicher jüdischer Identität in den großen Umwälzungen des 19. und frühen 20. Jahrhunderts? Während wir über die normative Ebene der Geschlechterrollen und -bilder in dieser Zeit dank der zahlreichen programmatischen Texte Einiges wissen, ist es viel schwieriger, die Praxis der Geschlechterbeziehungen und -hierarchien im deutschen Judentum adäquat zu beschreiben. So ist es z.B. bis heute umstritten, ob der Prozess der Modernisierung aus Sicht der jüdischen Frau eine Verlustgeschichte darstellt oder eher, langfristig, einen Gewinn: Ist die Verdrängung aus dem ökonomischen Bereich tatsächlich als ein Verlust an Macht und Autonomie zu bewerten oder wurde dies kompensiert durch die Erweiterung im religiösen Raum sowie die symbolische Überhöhung und die intern ausgeübte Macht im Hause? Aber auch bei den Männern wäre diese Frage zu stellen: Was war eigentlich der Preis, den sie für den sozialen Aufstieg und die bürgerliche Integration zahlen mussten – und wie bewerteten sie dies?

Um all jene Fragen zu beantworten, ist es zunächst einmal wichtig, sich die Klassenstruktur der jüdischen Gemeinschaft im 19. Jahrhundert vor Augen zu führen. Im Vergleich zur – in dieser Beziehung – relativ statischen Vormoderne fächerte sich die innerjüdische soziale Schichtung nun breit auf und war zudem von einer ungeheuren Dynamik gekennzeichnet: Insgesamt erlebten die Juden in Deutschland ab 1800 einen rasanten sozialen Aufstieg, so dass schon 1871 ungefähr zwei Drittel von ihnen zur bürgerlichen Mittelschicht zählten. Allerdings gilt es auch hier weiter zu differenzieren, denn ein viel größerer Teil, als es beispielsweise die Memoirenliteratur vermittelt, war vermutlich dem – oftmals, aber nicht immer – aufstrebenden Kleinbürgertum zuzurechnen; auch lebte die große Mehrheit, nämlich achtzig Prozent, zur Zeit der Reichsgründung noch auf dem Land oder in kleinen und mittelgroßen Städten. Vierzig Jahre später allerdings hatte sich dieses Bild noch einmal deutlich gewandelt: Nun lebten über die Hälfte der deutschen Juden in Großstädten, allein ein Viertel von ihnen in Berlin, und die große Mehrheit war im soliden Bürgertum angekommen, wie sich z.B. an der Wahl der Wohnviertel in den einzelnen Städten nachweisen lässt. Allerdings war dieser Prozess – idealtypisch von der Kleinhändler- zur Kaufmanns- zur Akademikerfamilie in zwei bis drei Generationen – keineswegs so bruchlos wie die reinen Zahlen vermuten lassen. Eine schwer zu quantifizierende Zahl von jüdischen Modernisierungsverlierern wanderte zum Beispiel nach Übersee aus, während gleichzeitig sozial eher ungesichert lebende Familien aus Osteuropa einwanderten: Kurz vor dem Ersten Weltkrieg lag ihr Anteil bei ca. dreizehn Prozent.

Und noch deutlicher werden die innerjüdischen Verwerfungen, wenn man die Sozial- und Berufsstruktur des deutschen Judentums nach Geschlechtern differenziert betrachtet:

So finden sich zu Beginn dieses kollektiven Modernisierungs-
prozesses vor allem Frauen am unteren Ende der sozialen Skala:
Noch um 1800 unterschied sich das Leben der vorwiegend weiblichen Dienstboten – man schätzt ihre Zahl auf mindestens zehn
Prozent der jüdischen Bevölkerung – kaum von dem hundert Jahre zuvor: Aufgrund der immer noch gültigen Ehe- und Niederlas-
sungsverbote waren gerade Töchter aus armen kinderreichen Familien, aber auch Waisen oder junge Witwen gezwungen, sich auf
diese Weise ihren Lebensunterhalt zu verdienen. Ihre elenden
Lebensbedingungen teilten sie mit den christlichen Dienstmäg-
den: Meist nur für ein Jahr oder weniger angestellt, arbeiteten sie
bis zu achtzehn Stunden am Tag für Kost und Logis plus ein Ta-
schengeld und waren ihrer Herrschaft, und damit oftmals auch
den sexuellen Übergriffen von Dienstherren oder Gästen, faktisch
ausgeliefert. Bei einer Schwangerschaft wurden sie entlassen und
der Gemeinde verwiesen, oft mussten sie ihr Kind ins Waisenhaus
geben. Aufgrund dieser prekären Lage bestand immer die Gefahr,
ganz »auf der Strasse zu landen«, so dass die Grenzen zur Delinquenz bzw. zu dem, was darunter staatlicherseits verstanden wurde, oftmals fließend waren. Am meisten erfährt man über die Lebensbedingungen der jüdischen Mägde aus Prozessakten, in
denen es meist um vermeintlichen Diebstahl oder Prostitution, um
Kindstötung oder Verletzung des Fremdenrechts ging. Während
christliche Frauen sich jedoch durch eine Heirat aus dieser Existenz retten konnten, blieb Jüdinnen aufgrund der Sondergesetze
dieser Weg versperrt und die Mehrheit blieb ihr Leben lang unverheiratet und in subalterner Stellung – außer sie wählten, als einzigen Ausweg neben der riskanten Auswanderung, die Taufe, meist
mit anschließender christlicher Eheschließung. Dies galt theoretisch auch für jüdische Männer, die um 1800 noch ca. ein Viertel
der Dienstboten ausmachten, allerdings einen sehr viel besseren
Ruf genossen als die leicht zu diskreditierenden jungen Frauen.
Auch wurden Männer vermutlich sehr viel seltener sexuell beläs-
tigt und konnten nicht aufgrund einer Schwangerschaft ihre Stellung verlieren. So nimmt es kein Wunder, dass es, wenn überhaupt, dann den männlichen Dienstboten gelang, sich mit Hilfe

der jüdischen Gemeinden oder eines wohl gesonnenen Dienstherren eine eigene Existenz aufzubauen, und der Dienstberuf im 19. Jahrhundert schnell ein fast ausschließlich weiblicher wurde.

Infolge des allgemeinen sozialen Aufstiegs der jüdischen Minderheit nahm im Laufe des 19. Jahrhunderts die Zahl derjenigen Familien, die sich Dienstboten leisten konnten, zu, die Zahl der jüdischen Dienstmädchen jedoch ab, wie es zum Beispiel für Wien belegt ist: Hier konnten sich in der ersten Hälfte des Jahrhunderts ein Viertel gar keine Hausangestellten leisten, ca. 60 Prozent beschäftigten ein oder zwei, und 15 Prozent drei oder mehr »Mädchen«, von denen um die Jahrhundertmitte schon fast zwei Drittel Christinnen waren. Nur in den Landgemeinden gab es auch in 19. Jahrhundert weiterhin jüdische Dienstmädchen in größerer Zahl, insgesamt aber verlor dieser Beruf für Mädchen aus der Unterschicht, Jüdinnen wie Christinnen, an Attraktivität, da die neue Lohnarbeit in den Fabriken zwar nicht weniger anstrengend war, aber eine autonomere Lebensgestaltung ermöglichte. Zudem scheint es aufgrund allgemein besserer Bildungs- und Aufstiegsmöglichkeiten für junge jüdische Frauen schon vergleichsweise früh ein wenig leichter gewesen zu sein, dem Dienstbotenschicksal zu entgehen, wobei die ihnen zugänglichen Berufe jahrzehntelang im Kern die gleichen blieben: Um die Wende vom 18. zum 19. Jahrhundert finden sich auf den Gemeindelisten bereits einige wenige Putz- und Hutmacherinnen, Schneiderinnen, Inhaberinnen von Gastwirtschaften und Pensionen, sowie, 1812 in Preußen, drei Direktorinnen von Mädchenschulen.

Es ist unmöglich, ein kohärentes Bild weiblich-jüdischer Erwerbstätigkeit im 19. Jahrhundert zu zeichnen, zu dominant ist die bürgerliche Geschlechterideologie, die weibliche Arbeit unsichtbar machte – im Haus, in der Statistik und in den Memoiren. So spiegelt sich die Verbürgerlichung der deutschen Juden in dürren Zahlen wider, wenn beispielsweise im Jahre 1882 in Preußen 11 Prozent aller jüdischen Frauen, aber 21 Prozent aller Frauen als erwerbstätig registriert wurden – ein Verhältnis, das sich bis 1907 auf 18 zu 31 Prozent verschob, wobei allerdings bei dieser Zählung mit der neuen Kategorie »mithelfende Familienangehörige« zusätzlich 24 Prozent der weiblichen jüdischen Bevölkerung erfasst wurden, was aber mit Sicherheit nur ein Teil derjenigen Frauen war, die im Geschäft ihres Mannes, Vaters oder anderer Verwandter arbeiteten. Diese Form der geschlechtsspezifischen Arbeitsteilung blieb in den jüdischen Familien bis weit ins 19. Jahrhundert hinein erhalten, auch wenn die normativen Texte der Rabbiner und Intellektuellen schon lange das Idealbild der jüdischen Nur-Hausfrau predigten. Der so oft beschriebene Aufstieg aus den unterständischen Schichten ins mittlere Bürgertum basierte gerade auf der flexibel gestalteten Mitarbeit der Frauen und Töchter einer Familie, die sich erst bei Erreichung eines bestimmten sozialen Status aus dem Geschäft zurückzogen – und bei Bedarf dort auch wieder einsetzbar waren. Die junge Kassiererin Marie Liebeck (1859-1896) z.B. gab nach der Eheschließung ihre Erwerbstätigkeit zunächst auf, stand ihrem Ehemann aber zehn Jahre und drei Kinder später wieder aktiv zur Seite, als dieser sich Anfang der 1890er Jahre seinen Traum eines eigenen Ladengeschäfts endlich erfüllen konnte, das nur durch ihre Mitarbeit und die der ältesten Tochter überhaupt profitabel war.

Wie das Beispiel der Familie Liebeck belegt, durchzog dieser Prozess das gesamte 19. Jahrhundert und wurde immer wieder aufs Neue von aufsteigenden Familien durchlaufen, auch wenn es ab ca. 1860 häufiger gelang, einen gesicherten bürgerlichen Lebensstil zu pflegen, der der nichtarbeitenden Ehefrau als Statussymbol geradezu bedurfte. Nicht zuletzt deshalb bemühten sich viele gutbürgerliche Familien, den weiblichen Anteil am Broterwerb zu verschleiern, wie das vielzitierte Beispiel von Betty Scholem (1866-1946) zeigt, die ihrem Mann, einem Druckereibesitzer, die Bücher führte – täglich mehrere Stunden. Bedenkt man zudem, dass im nichtjüdischen deutschen Bürgertum eine beträchtliche Anzahl von Berufen – Beamte, Pfarrer, Lehrer – vertreten waren, die Juden verschlossen blieben und die gleichzeitig eine Mitarbeit der Ehefrauen per se ausschlossen, so erstaunt es kaum, dass jüdische Familien – als Bürger und als Angehörige einer Minderheit – diesbezüglich unter einem besonderen sozialem Druck standen.

Auf dem Land dagegen waren Frauen, Jüdinnen wie Christinnen, viel länger öffentlich sichtbar in die Familienökonomie eingebunden: Im Viehhandel – dem hier zunächst dominanten Wirtschaftszweig – führten jüdische Frauen, wie schon in der Vormoderne, während der langen Abwesenheiten der Männer die Geschäfte und kümmerten sich nebenbei um »Haus und Hof«, wozu meist auch eine kleine Landwirtschaft gehörte. Als der Viehhandel im Kaiserreich in die Krise geriet und gleichzeitig der Handel mit Konsumgütern auf dem Land expandierte, blieben Frauen auch hier, nun *hinter* der Ladentheke, deutlich präsent. Daneben gab es in den Dörfern immer eine kleine Anzahl selbständig tätiger Frauen, vor allem Wirtinnen, aber auch Näherinnen und Händlerinnen. Damit sind schon die Sparten benannt, in den Jüdinnen auch in den Städten tätig waren: Sie arbeiteten, wie jüdische Männer, vorwiegend selbständig im Handel und Gewerbe, mit einem starken Schwerpunkt im Textilbereich; im Kaiserreich dann zunehmend auch als Angestellte, als Verkäuferinnen oder Buchhalterinnen.

Betrachtet man den Anstieg der Beschäftigung in Preußen insgesamt zwischen 1882 und 1907, so zeichnet sich eine interessante geschlechtsspezifische Dynamik ab: Im Kaiserreich waren es die jungen jüdischen Frauen, die sich in fast dem gleichen Maße wie Christinnen neue Arbeitsfelder eroberten, während die Erwerbstätigkeit der jüdischen Männer in weitaus geringerem Maße anstieg: So stieg die Zahl der männlichen Beschäftigten in Preußen in diesem Zeitraum um 41 Prozent an, die der weiblichen um 117 Prozent; für die jüdische Bevölkerung dagegen lauteten die entsprechenden Steigerungen 23 bzw. 113 Prozent. Den Berechnungen des Arztes und Publizisten Felix Theilhaber (1884-1956) zufolge waren damit um 1907 die Hälfte aller jüdischen Frauen im erwerbsfähigen Alter berufstätig.[19] Insgesamt verzehnfachte sich die Zahl der weiblichen Arbeitssuchenden zwischen 1896 und 1913, wobei dies vor allem ein Großstadtphänomen war, und zwar bei Jüdinnen wie Christinnen: Allein in Groß-Berlin lebten

---

[19]   Theilhaber, S. 142.

1916 25.000 unverheiratete jüdische Frauen im Alter zwischen zwanzig und fünfzig, die ihr eigenes Geld verdienten.

Doch auch hier gilt es, sozial zu differenzieren: Den gelangweilten und/oder rebellischen Töchtern der Oberschicht hatte schon immer zumindest eine exzellente Bildung offen gestanden, im späten Kaiserreich dann öffneten sich ihnen und den ähnlich ambitionierten Frauen aus dem mittleren Bürgertum langsam die Universitäten. Junge Mädchen aus kleinbürgerlichen Familien dagegen strebten in die neuen sozialen und Angestelltenberufe, während sich unter den Frauen der ostjüdischen Einwanderer vergleichsweise viele Arbeiterinnen fanden, vorwiegend in der Tabakindustrie. Insgesamt gesehen kommt man so zu dem wenig erstaunlichen Befund, dass die berufliche Stellung der jüdischen Frau im Vergleich zum jüdischen Mann durchweg schlechter war, im Vergleich zur allgemeinen weiblichen Bevölkerung jedoch – aufgrund des hohen Mittelschichtsanteils – tendenziell besser.

Aber woher kamen diese jungen Frauen, was waren ihre Motive? Für die jüdische Gemeinschaft war die Antwort klar: Die Forderungen an die Aussteuer wurden immer höher, was die Mädchen gegen ihren Willen zur Berufstätigkeit zwinge, um sich das Geld für die späte Eheschließung zu verdienen; zudem gab es auf dem Lande und in den kleinen Provinzstädtchen zu wenig jüdische Männer, da diese in der Großstadt ihr privates und berufliches Glück suchten. Die »unverheiratete jüdische Frau« galt als soziales Problem, dem, wenn überhaupt, neben der Eheschließung vor allem durch den Ausbau der Ausbildung in jenen Berufen beizukommen war, die möglichst nah an der »natürlichen Bestimmung« als Hausfrau und Mutter lagen: Kindergärtnerinnen, Lehrerinnen, Hauswirtschafterinnen – in dieser Beurteilung waren sich Gemeindeführung und Frauenbewegung einig. Dass es daneben auch eine beträchtliche und wachsende Zahl junger Frauen gab, die nicht aus materiellem Zwang, sondern aufgrund eines tief empfundenen Bedürfnisses nach einer bedeutsamen Aufgabe im Leben einen Beruf erlernen wollten, schien dagegen nur wenigen einzuleuchten. Während manche männlichen Diagnosen jedoch zumindest den »Freiheitsdrang, den »Trieb nach

Selbstbestimmung« der Frauen anerkannten und lediglich dessen »Intensität«[20] bedauerten, urteilten andere sehr viel harscher über deren » Feminismus, gehobene Lebenshaltung, Individualismus, Freidenkertum«.[21]

War das Modell der bürgerlichen Ehe- und Hausfrau in den innerjüdischen Debatten vor dem Ersten Weltkrieg also durchaus noch präsent, wenngleich nicht mehr unumstritten, so hatte es der Realität in den jüdischen Familien, darauf hat Monika Richarz hingewiesen, vermutlich in weitaus geringerem Maße entsprochen, als es vor allem die Memoirenliteratur nahelegt, und dies in einem sehr viel kürzeren Abschnitt des langen 19. Jahrhunderts. Dennoch ist seine Wirkung keineswegs zu unterschätzen, war und blieb es doch im gesamten Zeitraum das dominante Rollenmodell der jüdischen Frau, in der Stadt wie, in etwas abgeschwächtem Maße, auf dem Land.

Als natürliche Bestimmung der Frau galt ein Leben als Gattin und Mutter, das nun, durch den Wegfall der rigiden Eheverbote im Verlauf des Emanzipationsprozesses, auch für die breite Masse zu einer realen Option wurde. Dabei lebten traditionelle Formen der Eheanbahnung weiter fort, wurden jedoch im Laufe der Jahrzehnte zunehmend verschleiert, um wenigstens den Anschein romantischer Zuneigung zu wahren. Junge Leute wurden ohne ihr Wissen auf Familienfesten oder während der Sommerfrische einander »zugeführt«, auch blieb die Cousinenheirat im Judentum weiterhin eine häufige Erscheinung. Liebesheiraten kamen dagegen im gesamten 19. Jahrhundert nur sehr selten und erst dann vermehrt vor, als sich junge Frauen dank besserer Bildungs- und Berufsmöglichkeiten der elterlichen Kontrolle entziehen konnten. All dies unterschied sich kaum von den Heiratspraktiken in christlich-bürgerlichen Familien, aber nur im Judentum wurde die Diskussion um die Bedeutung der Aussteuer so ausführlich und vor allem öffentlich geführt. Inwieweit hierbei die Zurückweisung antisemitischer Unterstellungen einer angebli-

---

[20] Jacob Segall, Die berufliche und sozialen Verhältnisse der Juden in Deutschland, Berlin 1912, S. 78.
[21] Theilhaber, S. 146.

chen »jüdischen Geldgier« (statt »deutscher« Romantik) eine Rolle spielte oder eher die reale Not zahlreicher junger Frauen, die gegen ihren Willen unverheiratet blieben, sei dahingestellt. Die Gemeinden versuchten dem Problem beizukommen, indem die Tradition der Brautausstattungsvereine wiederbelebt wurde und man gleichzeitig an die weibliche Moral appellierte, nicht so hohe Ansprüche an Ehemann und Lebensstandard zu stellen. Dennoch erreichten die Mitgiftforderungen vor und nach dem Weltkrieg ungeahnte Höhen, wobei es auf den Beruf, auf das Alter und auf den Wohnort ankam. So konnte z.B. ein Zahnarzt in Berlin durchaus 100.000 Reichsmark verlangen, während ein verwitweter Schneidermeister in der schlesischen Provinz deutlich billiger zu haben war. Angesichts der prekären und sozial abgewerteten Möglichkeiten, den eigenen Lebensunterhalt zu verdienen, war eine gute Mitgift und eine klug ausgehandelte Ehe für jüdische Frauen oftmals die einzige Möglichkeit, sozial aufzusteigen und in ein anregendes lokales Umfeld umzuziehen – oder, im gegenteiligen Fall, den umgekehrten Weg zu gehen.

Trotz dieser eklatanten Chancenungleichheit und des minderen Rechtsstatus innerhalb der Ehe blieb diese im 19. Jahrhundert die einzig akzeptable Lebensform für bürgerliche Frauen bzw. solche, die es werden wollten. Als Ehefrau waren sie ihrem Mann untergeordnet und an seinen sozialen und legalen Status gebunden – so verloren sie z.B. bis 1913 ihre Staatsbürgerschaft, wenn sie einen Ausländer heirateten, und konnten mit diesem ausgewiesen werden, was in Preußen während des Kaiserreichs immer wieder geschah, vor allem während der Massenausweisungen 1885/86 und vor dem Ersten Weltkrieg. Ein selbstbestimmtes Leben war jungen bürgerlichen Frauen – Jüdinnen wie Christinnen – also nur in dem von Eltern und Ehemännern gesetzten Rahmen möglich, und manch eine mag daher umso mehr ihre Witwenschaft genossen haben. Toleranter als im Christentum war man im Judentum der Ehescheidung gegenüber – und so ist es vermutlich auf diese Tradition zurückzuführen, dass die jüdische Bevölkerung im Kaiserreich eine deutlich höhere Scheidungsrate aufzuweisen hatte. Vermutlich spielte auch der insgesamt höhere Sozialstatus eine Rolle, der Frauen einen größeren Handlungsspielraum ermöglichte, denn als geschiedene Frau war man entweder auf eigenes Vermögen oder auf die Unterstützung der Familie angewiesen – beides wird in der tendenziell bürgerlichen jüdischen Mittelschicht häufiger der Fall gewesen sein.

Ebenfalls eine Mischung aus Tradition, Klassenzugehörigkeit und Aufstiegswille war verantwortlich für die vergleichsweise frühe Reduktion der Kinderzahl in jüdischen Familien. Im Kaiserreich heirateten Frauen weiterhin im Schnitt in ihren späten Zwanzigern, und auch die Altersunterschiede zwischen den Ehepartnern waren oftmals recht groß, was ein typisches Zeichen für endogames Verhalten einer Minderheit ist. Gleichzeitig sank die Durchschnittszahl der Kinder, wie Zahlen zu Altona belegen, zwischen 1867 und 1890 von 2.98 auf 2.45 Kinder pro Paar – ein niedriger Wert, wie er zeitgleich im gehobenen Bildungsbürgertum üblich war, dem die eher kleinbürgerlichen Altonaer Juden kaum angehörten. Dies weist darauf hin, so Shulamit Volkov, dass die jüdische Minderheit in dieser Phase bewusst weniger Kinder bekam, um diesen bessere Bildungs- und Berufschancen zu ermöglichen.

Mit dieser generellen Tendenz einher ging die Überhöhung und Professionalisierung der Mutterschaft, die zur zentralen Aufgabe der bürgerlichen Ehefrau wurde. Dabei war ihr Ort, wie gesagt, »das Haus«, sie war zuständig für die interne Ökonomie, ein harmonisches Familienleben, die Erziehung der Kinder und die Pflege der sozialen Beziehungen. All dies war, wie Marion Kaplan sehr anschaulich geschildert hat, mit viel Arbeit verbunden, die jedoch, wie die Erwerbstätigkeit, nicht als solche erkennbar sein durfte. Frauen trugen zur Familienökonomie bei, indem sie sparsam wirtschafteten und zahlreiche Güter – Essen, Kleidung – vor allem in der ersten Hälfte des 19. Jahrhunderts selbst herstellten. In diese Arbeit waren immer mehrere Frauen eingebunden: neben der Hausfrau selbst die älteren Töchter, unverheiratete Verwandte oder anzulernende jüngere Cousinen, und, je nach finanzieller Möglichkeit, ein oder mehrere Dienstmädchen. Je mehr steigender Wohlstand und verbesserte technische wie konsumtive

Möglichkeiten diese Arbeit erleichterten, umso mehr Gewicht wurde auf die emotionale Familienarbeit gelegt. Hier galt es, den Kindern eine gute Erziehung und Ausbildung angedeihen zu lassen, sowie dem außer Haus arbeitenden Mann bei seiner Rückkehr in den Kreis der Familie einen harmonischen Ort der Ruhe und Erholung zu schaffen – auch wenn diese theoretisch streng getrennten Sphären bei zahlreichen Händler- und Kaufmannsfamilien realiter im selben Gebäude lagen. Das vielgepriesene »sittliche Familienleben« war gekennzeichnet durch die Vermittlung bürgerlicher Tugenden wie Ordnung, Sauberkeit, Pünktlichkeit, Höflichkeit sowie durch die Kultivierung eines bürgerlichen Lebensstils, in dessen Zentrum die Ikonen bürgerlicher Bildung standen: Die klassischen Dramen wurden im Familienkreis mit verteilten Rollen gelesen, Mutter und Kinder musizierten und sangen, man besuchte Konzerte und Theater. Ob der Drang zur Perfektion im privaten Leben tatsächlich auch Entspannung und Harmonie erzeugte, wissen wir nicht. Immerhin berichten die Memoiren größtenteils von harmonischen Eltern- und vor allem Mutter-Kind-Beziehungen, so dass manchmal von einer besonders stark ausgeprägten Mutterliebe im jüdischen Bürgertum gesprochen wird. Inwieweit sich die Gefühlsintensität zwischen den Generationen tatsächlich von der christlich-bürgerlicher Familien unterschied, sei dahingestellt, sicher ist, dass die jüdische Familie als Kerninstanz einer um Aufstieg und Anerkennung bemühten Minderheit besonderem Erwartungsdruck von innen und Anpassungsdruck von außen ausgesetzt war – und dass die »schwarzen Schafe«, die die familiären Rollen nicht erfüllten, vermutlich seltener Memoiren schrieben bzw. solche Konflikte dann eher nicht erwähnten.

Und sicher ist weiterhin, dass diese »Freizeit-Arbeit« (Marion Kaplan) Männer zwar nolens volens miteinbezog, aber von den weiblichen Familienmitgliedern aktiv gestaltet wurde, was im Übrigen auch für das gesellige Leben im Verwandten- und Freundeskreis galt. Hier waren es wiederum die Frauen, die die Kontakte zu Verwandten pflegten, Besuche und Reisen planten, Familienfeiern ausrichteten und die jährliche Sommerfrische organisierten. Daneben galt es, für die beruflich wichtigen Kontakte des Ehemanns ab und zu einen privaten Rahmen zu schaffen, durch formelle Einladungen und jährliche Diners.

Angesichts der Tatsache, dass sich das soziale Leben der bürgerlichen Familien im 19. Jahrhundert allgemein vorwiegend im Rahmen der engeren und weiteren Verwandtschaft abspielte, verwundert es kaum, dass jüdische und christliche Frauen im hochformalisierten Alltag des städtischen Bürgertums untereinander sehr viel weniger Kontakt hatten als Männer, die beruflich täglich mit nichtjüdischen Kollegen zu tun hatten. Auf dem Land dagegen ermöglichte schon das beengte Wohnen und die traditionelle nachbarschaftliche Kooperation eine Vielzahl alltäglicher, informeller Kontakte zwischen jüdischen und christlichen Frauen. Man hielt hier einen Schwatz über den Gartenzaun, half sich dort mit Lebensmitteln aus und beschäftigte den Nachbarsjungen als *Shabbesgoi*. Inwieweit dieser sehr viel intimere Kontakt zwischen christlichen und jüdischen Familien auch zu Freundschaften führte, ist schwer auszuloten, zumal die bäuerliche Gesellschaft ohnehin wenig Zeit ließ für die Kultivierung absichtsloser Geselligkeit. Hinzu kam die größere Religiosität beider Gruppen, die das soziale Leben stark an die jeweilige Religionsgemeinschaft zurückband. So scheinen es vor allem junge ledige Neuankömmlinge und ältere, verwitwete Frauen gewesen zu sein, die auf dem Dorf Freundschaften auch ungeachtet der Konfession schlossen.

Auch in der Frage der weiblichen Bildungsmöglichkeiten lassen sich im ländlichen und städtischen Judentum im langen 19. Jahrhundert ähnliche Entwicklungen konstatieren, die jedoch einem anderen zeitlichen Rhythmus folgten. Um 1800 war die Analphabetenrate unter jüdischen Männern und Frauen zwar niedriger als in der Gesamtbevölkerung, aber auch sehr stark geschlechtlich segregiert gewesen: So konnten beispielsweise im Jahre 1808 in Trier 85 Prozent der Männer und nur 14 Prozent Frauen mit ihrem Namen unterschreiben und insgesamt waren viel mehr jüdische als christliche Frauen, relativ gesehen, Analphabetinnen. Trotz der so ungeheuren Bedeutung, die Bildung traditionell und dann als soziales Aufstiegsvehikel und bürgerliches Distinktionsmerkmal im deutschen Judentum besaß, dauerte es eine Weile, bis dieser Anspruch konsequent auf dessen weibliche Hälfte ausgeweitet wurde – und auch dies nur in den allgemein bürgerlichen Grenzen, wie folgendes Zitat aus der »Sulamith« verdeutlicht: »Die Philosophie im Weiberrock wird kein Vernünftiger achten, aber auch das platte Gänslein niemand lieben können.«[22]

Von der allgemeinen Debatte um die Frauenbildung und -ausbildung, die in Deutschland ab den 1860er Jahren die Gemüter bewegte, profitierten schließlich die mittlerweile zahlreichen Töchter der jüdischen Mittelschicht, die sofort begannen, jede Ausweitung der Bildungsmöglichkeiten in hohem Maße zu nutzen. Und sie taten dies in auffallend stärkerem Maße als christliche Mädchen, aber auch als jüdische Jungen. So besuchten in Berlin im Jahre 1897 ca. sechzig Prozent aller jüdischen Mädchen eine Höhere Töchterschule, aber nur neun Prozent der Nichtjüdinnen; ähnliche Zahlen lassen sich für die nach und nach in den 1890er Jahren eingeführten Gymnasialkurse für Mädchen in großen Städten wie Prag, Wien, aber auch Karlsruhe finden. Erklärt sich dies noch aus der Klassenzugehörigkeit, so liefert der Geschlechtervergleich deutliche Belege für das spezifisch weiblich-jüdische Bildungsstreben. In Wien z.B. machten jüdische Jungen an den Gymnasien ca. dreißig Prozent aller Schüler aus, jüdische Mädchen aber stellten fast die Hälfte der Lyzeumsbesucherinnen.

Jüdische Mädchen können also mit Fug und Recht als Pionierinnen der Frauenbildung im Deutschen und im Habsburger Reich gelten, obgleich mit diesen Zahlen noch nichts über den Inhalt und die Bewertung der Bildung ausgesagt ist. Beides unterschied sich nämlich weiterhin massiv von der der Jungen: So berichten zahlreiche Biographien davon, wie die Ausbildung der Töchter im Grunde nicht ernst genommen wurde, sondern eher als vergnüglicher Luxus galt, von dem keine Lebensentscheidungen abhingen, da sie ja später ohnehin heiraten würden. In Ham-

---

[22]   Sulamith 1808, S. 477f., zitiert nach Lässig, S. 69.

burg, wo als letzter deutscher Staat das Höhere Mädchenschulwe-
sen verstaatlicht wurde, schickten die bürgerlichen jüdischen
Eltern ihre Söhne zusammen mit christlichen Jungen auf die
besten Schulen der Stadt, während die Mädchen an den sogenannten Simultanschulen meist unter sich blieben und eine völlig
andere Ausbildung erhielten, eben die zu einer gebildeten Hausfrau. Ähnliche Unterschiede lassen sich am Beispiel des gemeind-
lichen Religionsunterrichts zeigen, der den Jungen religiöses
Wissen, den Mädchen aber in erster Linie religiöse Gefühle vermitteln sollte.

Zudem standen den sich langsam, aber stetig verbessernden
Ausbildungsmöglichkeiten weiterhin streng eingeschränkte
Handlungsspielräume gegenüber, zumal das Idealbild der Nur-
Hausfrau, wie gezeigt, gerade um 1900 im deutschen Judentum
tatsächlich fast flächendeckend zur gelebten Praxis wurde. Dies
musste zu neuen Konflikten führen, denn die gut ausgebildeten
Höheren Töchter konnten mit ihren Kenntnissen und Interessen
nichts anfangen, mussten sie doch warten, bis sie geehelicht wurden. Letztlich entschieden materielle Möglichkeiten, Wohnort
und die Einstellung der Eltern über individuelle weibliche Bil-
dungs- und Lebenschancen – und zwar in sehr viel stärkerem
Maße als über männliche. Nicht zuletzt spielte auch das Vorhandensein oder Fehlen männlicher Geschwister hierbei eine wichtige Rolle: je weniger Brüder, desto besser die Chancen für Mädchen. Die Religion dagegen scheint in geringerem Maße
ausschlaggebend gewesen zu sein, denn auch in orthodoxen Familien konnte durchaus Wert auf gute Mädchenbildung gelegt
werden. Rahel Goitein (1880-1963), promovierte und auch als
verheiratete Frau praktizierende Ärztin ist ein Beispiel dafür, oder
zwanzig Jahre später Anna Seghers (1900-1983), die aus einer
orthodoxen Familie aus Mainz stammte und Kunstgeschichte studieren konnte. In welcher spezifischen Familienkonstellation
auch immer: Hinter zahlreichen weiblichen Erfolgsgeschichten
um die Jahrhundertwende standen oftmals harte innerfamiliäre
Konflikte, und dies umso mehr in einer Minderheit, die sich ihrer
bürgerlichen Reputation stets unsicher blieb und daher umso

mehr auf die Einhaltung traditioneller geschlechtsspezifischer Rollenerwartungen pochte.

All dies wurde einmal mehr virulent, als hunderte rebellische Töchter um die Jahrhundertwende auch noch an die Universitäten zu drängen begannen. Bis zur Zulassung von Frauen an deutschen Universitäten war es ein langer und mühseliger Weg, der mehrere Generationen über Lehrerinnenseminare oder auch über die Schweiz führte, wo Frauen seit 1867 studieren konnten, oder über Österreich, wo dies seit 1897 möglich war. In Deutschland wurden Frauen erst 1908 zum Studium zugelassen, und auch hier stürmten junge Jüdinnen vorneweg und überholten, was ihren relativen Anteil an den Gesamtstudierenden anging, rasch ihre männlichen Glaubensgenossen. Vor dem Ersten Weltkrieg waren über zehn Prozent der Studentinnen in Deutschland Jüdinnen, in Berlin machten sie sogar ein Viertel und in Österreich mehr als ein Drittel aus. Dementsprechend waren sie auch unter den ersten Qualifikationen prominent vertreten: Margarete Berent (1887-1965) z.B. gehörte vor dem Weltkrieg zu den ersten promovierten Juristinnen (dies war die einzige Möglichkeit des Studienabschlusses in diesem Fach, da Frauen vor 1919 kein Staatsexamen ablegen konnten) und dann, 1925 zu den ersten Rechtsanwältinnen in Preußen; die Arzttochter Selma Stern (1890-1981) promovierte 1913 in München im Fach Geschichte und die Ärztin Rahel Hirsch (1870-1953), eine Enkelin des Rabbiners Samson Raphael Hirsch, wurde 1913 als dritte Frau in Deutschland zur Professorin ernannt.

Damit sind bereits jene Fächer benannt, die sich unter jüdischen Studentinnen besonderer Beliebtheit erfreuten, aber völlig unterschiedliche Berufsmöglichkeiten boten: Jura, Medizin und Geisteswissenschaften. Wer als Frau Jura studierte, musste schon eine besondere Liebe zur Jurisprudenz und eine finanzielle Absicherung besitzen, denn bis in die Weimarer Republik hinein blieben Juristinnen de facto ohne jede Berufschance und mussten in die Sozialarbeit oder in Verbände ausweichen. Dennoch gab es bereits 1917 45 promovierte Juristinnen, und ca. ein Viertel der Studentinnen war jüdisch. Deutlich bessere Berufsmöglichkeiten besaßen dagegen Ärztinnen, da man entweder eine eigenständige Praxis eröffnen oder in Krankenhäusern, Gesundheitsämtern oder Krankenkassen eine Anstellung finden konnte. Traditionell ein beliebter Beruf, waren auch hier die jüdischen Studentinnen sehr viel stärker überrepräsentiert als ihre männlichen Kommilitonen: 1910 stellten sie 28 Prozent aller Medizinstudentinnen an deutschen Universitäten und sogar 58 Prozent an der Universität Wien. Nicht ganz so auffällig waren die Zahlen in den Geisteswissenschaften, das eher als Studium für angehende gebildete Mütter galt. Denn während junge christliche Frauen den Lehrerinnenberuf anstreben konnten, blieb dieser Weg jungen Jüdinnen aufgrund des Antisemitismus im staatlichen Schulwesen weitgehend verschlossen. An den jüdischen Schulen wiederum wurden stets männliche Lehrer bevorzugt, so dass ihnen nur der Ausweg in eine Privatschule oder eine Anstellung als Gouvernante blieb – zahlreiche Fortsetzungsromane in jüdischen Zeitungen zeichneten ein düsteres Bild dieses Berufsweges. Obwohl es also eigentlich eine für bürgerliche Töchter einigermaßen akzeptierte Tätigkeit war, gab es kaum jüdischen Lehrerinnen: 1886 wurden 94 jüdische Lehrerinnen in Preußen gezählt, von denen 53 an Volksschulen und dreißig an privaten Mittelschulen für Mädchen Anstellung gefunden hatten; fünfzehn Jahre später fand nur ein gutes Zehntel der Arbeit suchenden Lehrerinnen eine entsprechende Anstellung.

Die Mischung aus Antisemitismus und Antifeminismus, die den jüdischen Lehrerinnen das Leben schwer machte, kennzeichnete den Studienalltag aller jüdischen Studentinnen, waren doch die deutschen Universitäten ein Hort beider anti-emanzipatorischer Bewegungen. Dabei scheint gerade zu Beginn des Frauenstudiums im individuellen Erleben der Antifeminismus von Professoren und Kommilitonen besonders virulent gewesen zu sein, was dazu führte, dass sich die ersten Studentinnen als weibliche Solidargruppe zusammenfanden, ungeachtet ihrer Konfession. Mit der langsamen Gewöhnung an weibliche Präsenz an den höheren Lehranstalten sollte sich dies jedoch ändern und die jüdischen Studentinnen, die nie eine eigene Vertretung gründeten, schlossen sich entweder den allgemeinen jüdischen oder den weiblichen Studentenorganisationen an, so diese Jüdinnen aufnahmen.

Die bürgerliche Familienideologie mit ihren klar definierten Geschlechterrollen entfaltete im 19. Jahrhundert eine ungeheure Wirkungsmacht auch und gerade in den jüdischen Familien, obgleich diese, zumindest was die reale Arbeitsteilung anging, in ihrer großen Mehrheit dem bürgerlichen Ideal erst nach mehreren Aufstiegs-Generationen entsprachen. Um 1900 dann wurden die festgefügten männlichen und weiblichen Rollen schon wieder infrage gestellt, und zwar gerade von jenen jungen Frauen aus der oberen Mittelschicht, die den Idealvorstellungen bürgerlicher Weiblichkeit am intensivsten ausgesetzt waren. Das vergleichsweise stabile Bild der jüdisch-bürgerlichen Familie des 19. Jahrhunderts, wie man es aus zahlreichen Memoiren und Romanen kennt, verschleiert also sowohl die großen sozialen Unterschiede innerhalb des Bürgertums als auch die ungeheure Dynamik eines Prozesses, der immer mit einem hohen Konformitätsdruck verbunden war, für Frauen, aber auch für Männer.

Der Jüdische Mann

Der Emanzipations- und Verbürgerlichungsprozess, den die jüdische Minderheit im 19. Jahrhundert durchlief, ließ weder die Rollenerwartung noch die realen Lebensumstände der Männer unangetastet, im Gegenteil: man könnte durchaus argumentieren, dass die Veränderungen hier noch einschneidender waren als beim weiblichen Geschlecht. In dem Maße, in dem die *Halacha* als sinnstiftender Rahmen an Bedeutung verlor, verblasste auch das althergebrachte Ideal der männlichen Gelehrsamkeit als wichtigste geschlechtsspezifische Eigenschaft bzw. Tätigkeit. Statt der Betstube wurde dem jüdischen Mann nun »die ganze Welt« als Betätigungsfeld zugewiesen, in der er sich als allein verantwortlicher Ernährer einer Familie beweisen musste, die er nach innen idealiter aufgrund seiner natürlichen Autorität leiten und dominieren sollte. De facto wurde vor allem der Beruf und die soziale Stellung zum sinnstiftenden Moment des Männerlebens – und dadurch waren Männer, viel direkter als jüdische Frauen, in ihrem Alltag und in ihrem Selbstbild immer und sehr konkret mit antijüdischen Ressentiments und Aktivitäten konfrontiert.

Schon in den frühen Debatten um jüdische Emanzipation ging es um die Befähigung des jüdischen *Mannes* zum Staatsbürger – Frauen jedweder Religion waren von diesen Überlegungen, sieht man einmal von Theodor von Hippels (1741-1796) wortgewaltigem Appell ab, ohnehin ausgeschlossen.[23] Eines der wichtigsten antifeministischen Argumente dabei war die Wehrfähigkeit, d.h. die enge Koppelung vom Dienst in der Armee als *Pflicht* und der daraus folgenden *Rechte* als Bürger. Während der Ausschluss der Frauen von den Bürgerrechten sich also qua Wehrpflicht von selbst verstehen sollte, war dies bei männlichen Juden (aber auch bei anderen religiösen Minderheiten wie den Mennoniten und den Mährischen Brüdern) keineswegs so klar, im Gegenteil: Zwischen 1780 und 1810 wurde von Amts wegen, per Gutachten und Gegen-

---

23   Theodor von Hippel, Über die bürgerliche Verbesserung der Weiber, Berlin 1792.

gutachten in der preußischen Administration eifrig darüber gestritten, wobei sich verschiedene Konflikt- und Interessenlinien
überkreuzten: Im Zeitalter des Utilitarismus hatte die mit diversen
Militärreformen befasste Beamtenschaft großes Interesse daran,
alle Bevölkerungsschichten so gewinnbringend wie möglich für
den Staat einzusetzen, dies galt für Bauern und Handwerker, die
bislang die Hauptlast des Militärdienstes trugen und durch ihn
gebildeter und disziplinierter werden sollten, ebenso wie für jüdische Männer, die, je nach Standpunkt, durch den Militärdienst
assimiliert und dadurch zu Staatsbürgern werden oder umgekehrt
durch Staatsbürgerschaft zum Militärdienst würdig und fähig werden sollten. Zweifel an ihrer Eignung gab es durchaus, sie bezogen
sich allerdings fast immer auf ihre religiöse und kulturelle Fremd-
heit, man stellte ihre Loyalität in Frage oder fürchtete eine negati-
ve Wirkung auf eine idealiter möglichst homogene Truppe, in der
Andersartigkeit und »gegenseitiges Mißtrauen die Kräfte« lähmen
würden.[24] Mit einer angeblich *körperlichen* Unfähigkeit der männlichen Juden dagegen wurde nur selten argumentiert und wenn,
dann als Teil eines allgemein zu beklagenden unzulänglichen Ge-
sundheitszustand der (armen) preussischen Bevölkerung. Im Gegenteil, die Befürworter einer Wehrpflicht auch für Juden führten
gerade bestimmte, besonders männliche, historisch gewachsene
und somit »erwiesene« Eigenschaften der Juden ins Felde: Es gäbe
kein »stolzeres Geschöpf auf dem Erdboden, als den Juden«
schrieb beispielsweise der spätere preußische Justizminister Johann Christoph von Woellner (1732-1800) im Jahre 1784 und führte sämtliche Schlachten von der römischen Zeit über die Türken-
kriege bis hin zum gerade beendeten holländisch-britischen
Konflikt an, um diese These zu belegen: »In der preussischen
Armee könnte ihnen kein besserer Platz angewiesen werden als
wenn man sie zu Husaren machte....ihr morgenländisches hitzi-
ges Temperament würde sie in Attaquen wüthend machen, ihre
Schlauigkeit und ihr verschmitztes Wesen können sie dem Reco-

---

[24]   Gutachten des Allgemeinen Kriegsdepartments, 27. November 1809, zitiert nach
       Schulte, Reformzeit, S. 429.

gnosciren vortrefflich anwenden, sie sind körperlich sehr agil und haben durchgängig eine Passion für Pferde und zum Reiten«.[25] Dass ein solches Urteil nicht unbedingt mit einer judenfreundlichen oder gar empathischen Haltung verbunden sein musste, sondern reinen Nützlichkeitserwägungen entsprach, zeigt das Beispiel des unter den Juden Neuostpreußens aufgrund seiner strengen Politik als »Haman« verschrienen Staatsministers Schroetter (1743-1815), der über zwanzig Jahre nach Woellner, 1808, in einem Schreiben an den preußischen König mit ähnlichen, ins Positive gewendeten Stereotypen argumentierte: »Der Jude hat orientalisch-feuriges Blut und eine lebhafte Imagination. Alles Anzeichen einer männlichen Kraft, wenn sie benutzt und in Tätigkeit gesetzt wird«.[26] Da in Österreich der Militärdienst für Juden im Zuge der Toleranzedikte bereits 1793 eingeführt worden war, konnte man sich zudem direkt auf positive Erfahrungen anderer Armeen berufen; auch war das Bild des kriegsdienstleistenden, habsburgisch-jüdischen Soldaten in deutschen Zeitungen der Sattelzeit keine Seltenheit.

Zwar scheiterte Schroetters Gesetzentwurf zur allgemeinen Wehrpflicht zunächst, allerdings aus staatsrechtlichen Erwägungen sowie aufgrund des noch nicht lösbaren Gegensatzes bürgerlicher und adliger Interessen. Aber nachdem durch das Emanzipationsedikt vom 11. März 1812 die Juden zu preußischen Staatsbürgern geworden waren und die Männer somit der allgemeinen Wehrpflicht unterlagen, sollten in den Anti-Napoelonischen Kriegen zwischen 1813 und 1815 zwischen 700 und 800 junge jüdische Männer, größtenteils Freiwillige, kämpfen, von denen 23 zu Offizieren befördert und 82 mit dem Eisernen Kreuz ausgezeichnet wurden.

Allerdings darf bei aller posthumen Betonung der jüdischen Tapferkeit, die bis heute die Veröffentlichungen zum Thema dominiert, nicht vergessen werden, dass die Wehrpflicht keineswegs

---

[25] Johann Christoph Woellner, Von der Bevölkerung der Preußischen Staaten, vornehmlich der Mark Brandenburg (1784), zitiert ebd., S. 169.

[26] Zitiert nach Michael Berger, Eisernes Kreuz und Davidstern, Die Geschichte jüdischer Soldaten in deutschen Armeen, Berlin 2006, S. 34.

in allen jüdischen Gemeinden auf Begeisterung stieß, manche Rabbiner sahen im Gegenteil ein großes Unglück darin, sich an solch *gojim naches* zu beteiligen.

Dabei war man staatlicherseits durchaus gewillt, auf jüdische Besonderheiten Rücksicht zu nehmen: Am Shabbat mussten jüdische Soldaten z.B. keinen Wehrdienst leisten, konnten ihren Eid auf die Hebräische Bibel ablegen und selbst für eine jüdische Frau, Amalie Beer, wurde der Luisenorden für ihre patriotischen Verdienste extra ohne Kreuz angefertigt. Zwar sollte man später, vor allem von Seiten christlicher junger Männer, versuchen, die Kriegsverdienste der neuen Staatsbürger zu schmälern und sie als Feiglinge oder Söhne von Kriegsgewinnlern zu schmähen – zeitgenössisch jedoch scheint eine solche Polemik kaum verfangen zu haben, zu bekannt waren die Gegenbeispiele: Nathan Mendelssohn (1781-1852) z.B., der jüngste und 1809 getaufte Sohn des Philosophen, wurde 1814 aufgrund seiner militärischen Leistungen zum Leutnant befördert und Moritz Itzig (1787-1813), der sich wenige Jahre zuvor mit Achim von Arnim (1781-1831) in Berlin eine öffentliche Prügelei geliefert hatte, fiel in der Schlacht bei Grossgörschen, was den Volksmund zu folgendem Spottvers gegen Arnim animierte, der den Krieg in Wiepersdorf verbracht hatte: »Itzig und Arnim sind beide geblieben, jener bei Lützen, dieser hinter dem Ofen.«[27]

Der besagte Konflikt zwischen den Beiden war damals, 1811, Berliner Stadtgespräch gewesen und hatte den Bruder Rahel Varnhagens, Ludwig Robert, sogar zu einem Theaterstück inspiriert, in dem der adlig-bürgerliche Gegensatz im Mittelpunkt stand. Im realen Fall allerdings ging es um die jüdische Reaktion auf antijüdisches Verhalten, die einiges aussagt über männliches Selbstbewusstsein zumindest in der jüdischen Oberschicht dieser Jahre: Achim von Arnim war uneingeladen auf einer Abendveranstaltung bei Sara Levy (1761-1854) erschienen und hatte sich dort so

---

[27]   Zitiert nach Michael Ott, »Die Macht der Verhältnisse«. Judentum, Ehre und Geschlechterdifferenz im frühen neunzehnten Jahrhundert, in: Kati Röttger, Heike Paul (Hg.), Differenzen in der Geschlechterdifferenz. Aktuelle Perspektiven der Geschlechterforschung, Berlin 1999, S. 249-263, S. 256.

schlecht benommen, dass ihn der Neffe Levys, Moritz Itzig, zum
Duell forderte, um die Ehre seiner Tante zu verteidigen. Dies
lehnte der Adlige mit Hinblick auf die mangelnde Satisfaktions-
fähigkeit des Juden ab. Daraufhin stellte Itzig ihn im Badehaus
und verprügelte ihn, das folgende Gerichtsverfahren endete mit
einer geringen Geldstrafe für Itzig, der erhobenen Hauptes das
Gericht verließ und die öffentliche Meinung in Berlin hinter sich
wusste.

Itzigs Beispiel zeigt einen selbstbewussten preußischen Juden,
der gewillt und in der Lage war, sich auf Augenhöhe – von Mann
zu Mann sozusagen – gegen Verunglimpfungen seiner Familie
zur Wehr zu setzen. Von den Männern der jüdischen Oberschicht
wurde auch die Auseinandersetzung um die Emanzipationsge-
setzgebung als »männlicher Kampf« um jüdische Gleichberechtigung interpretiert, der nun, 1812/13 gewissermaßen seine natürliche Vollendung fand. Ihre körperliche Befähigung dazu wurde
jedoch nur selten angezweifelt, ihre Männlichkeit also stand in
diesen frühen Debatten noch nicht auf dem Spiel. Hinzu kam,
dass das Konzept von »patriotisch-wehrhafter Männlichkeit« (Hagemann), das die Publizistik jener Jahre durchzog, weniger mili-
taristisch geprägt war – das Bürgertum stand dem Militär als
(Zwangs-)Institution weiterhin durchaus skeptisch gegenüber –
als vielmehr eng verknüpft war mit »zivilen« Werten wie Treue,
Frömmigkeit, Opferbereitschaft und Brüderlichkeit – alles Begrif-
fe also, die Familienväter beider Religionen für sich reklamieren
konnten: »Dies ist der Mann, der streiten kann, für Weib und
liebes Kind«, wie Ernst Moritz Arndt (1769-1860) im Jahre 1813
dichtete.[28] In dieser Phase standen judenfeindliche Aussagen keineswegs im Vordergrund der patriotischen Publizistik, der preu-
ßisch/deutsche Nationalismus richtete sich stattdessen wortgewaltig gegen den äußeren Feind, die Franzosen, und deren
vermeintliche Verbündete im Innern, die »Franzosenfreunde«.
Erst nach dem Sieg über Napoleon rückten auch Juden wieder in

---

[28]   Zitiert nach Karen Hagemann, »Mannlicher Muth und teutsche Ehre«. Nation,
Militär und Geschlecht zur Zeit der antinapoleonischen Kriege Preußens, Paderborn 2002, S. 271.

den Fokus der Vordenker der frühen deutschen Nationalbewegung, die sich nun, seit dem Herbst 1814 durch einen tief verwur-
zelten Fremdenhass *und* durch offen propagierte Judenfeind-
schaft auszeichnete.

Dabei ging es auch hier zunächst vorwiegend um die psychische bzw. kulturelle Eignung zum Staatsbürger, die schon in den
1790er Jahren, mit scheinbar »aufklärerischen« Argumenten von
Johann Gottlieb Fichte (1762-1814) in Zweifel gezogen worden
war: Während man den Juden Menschenrechte durchaus zuge-
stehen müsse, könnten sie aufgrund ihrer religiösen und in deren
Folge kulturellen Differenz bzw. mangelnden Loyalität keine voll-
wertigen Bürger eines christlichen Staates sein. Genau deshalb,
und nicht etwa aufgrund ihrer mangelnden körperlichen Konsti-
tution, müsse man sie auch von der Wehrpflicht ausschließen, da
diese, wie man jahrelang gepredigt hatte, zu vollen Bürgerrechten
führen würde. In diesem zunehmend aggressiv aufgeladenen Klima der Emanzipationsdebatte *nach* dem Emanzipationsedikt kam
es im Sommer 1819 zu den ersten judenfeindlichen Ausschreitungen seit vielen Jahren, den sogenannten »Hep-Hep Unruhen«.
Ausgehend von Würzburg breiteten sich diese rasch auf ganz
Franken, Bayern, Hessen und das Rheinland aus, später auch auf
preußische Städte: Juden wurden beschimpft und bedroht, zum
Teil auch misshandelt. An manchen Orten, wie z.B. in Hamburg
wehrten sich die Angegriffenen tatkräftig, so dass es zu Massen-
schlägereien kam, die schließlich von der Polizei bzw. dem Militär
beendet wurden. Hauptakteure auf christlicher Seite waren, dies
ist kaum verwunderlich, vorwiegend junge Männer, darunter viele Handwerksburschen und Handelsgehilfen, aber auch »Gassen-
jungen und sonst verdorbenes Gesindel«[29], wie es zeitgenössisch
hieß. Während es in Heidelberg Studenten waren, die den be-
drängten Juden zu Hilfe kamen, beteiligte sich andernorts, wie
z.B. in Würzburg, auch die akademische Jugend an den Pöbeleien.
Diese hatte schon zwei Jahre zuvor, auf der Wartburg ihrem Hass

---

[29]   Zitiert nach Stefan Rohrbacher, Gewalt im Biedermeier, Antijüdische Ausschreitungen in Vormärz und Revolution (1815-1848/49), Frankfurt a.M. 1993, S. 100f.

gegen alles und jeden Ausdruck verliehen, der nicht in ihr deutsch-nationales Weltbild passen wollte – ein Weltbild, das im Übrigen auch nur klar definierte Geschlechterrollen kannte: So wurde nicht nur die offen kritische Streitschrift »Die Germanomanie« Saul Aschers (1767-1822) verbrannt, sondern auch ein Werk des später ermordeten Schriftstellers August Kotzebues (1761-1819), dessen selbstbewusste Frauengestalten den jungen bürgerlichen Männern ein ähnliches Grauen waren wie wehrfähige Juden. Die studentische Feier auf der Wartburg markierte somit den Aus-schluss jüdischer Männer aus der – nur im politischen Sinne anti-konservativen – deutschen Nationalbewegung, die, und dies war das Problem, vom aufstrebenden Bürgertum getragen wurde, dem ja auch die Juden angehörten.

Gleichzeitig leitete die Restaurationsphase auch auf anderen Gebieten eine Einschränkung der Emanzipationsgesetze ein, die wiederum jüdische Männer und ihre Berufsplanung betraf, aller-dings überschnitten sich hier z.T. die Konfliktfelder: Der Ver-such, Juden von der Offizierslaufbahn und vom Staatsdienst fernzuhalten, lag letztlich im Interesse des Adels, der diese letzte Bastionen seiner alten Vorherrschaft ganz allgemein vor bürger-lichem Zugriff zu schützen versuchte. Aber Juden waren die häufigsten und offensichtlichsten Opfer in diesem Kampf, der gleichzeitig ihre staatsbürgerliche Gleichberechtigung – kaum war diese erreicht – sofort und grundsätzlich in Zweifel zog. Obgleich der preußische König seinerzeit allen Freiwilligen eine spätere Staatsanstellung in Aussicht gestellt hatte, wurde dies nach dem Wiener Kongress wieder rückgängig gemacht, so dass schon 1816 alle jüdischen Beamten und Offiziere wieder entlas-sen waren, zwei Jahre später entfielen auch die Vergünstigungen für die jüdischen Träger des Eisernen Kreuzes. Entsprechend sank nach 1818 auch die Zahl der Juden, die im Stehenden Heer dienten, und die der Einberufenen stieg nur sehr langsam ab den 1830er Jahren wieder an: 1834 waren dies 354 jüdische Männer, zwölf Jahre später 425. Erst vor diesem Hintergrund wird die Strahlkraft einer Figur wie Meno Burg (1789-1853) deutlich, der als einziger jüdischer Offizier nach Kriegsende überhaupt weiter befördert wurde und seine Karriere als Major beenden konnte – nach vielen Ablehnungen und schmerzlichen Zurücksetzungen. Gleichzeitig blieb er aktives Mitglied der Berliner Jüdischen Gemeinde, liess sich in Uniform zur Thora aufrufen und scheint auch über den Kreis der Minderheit hinaus Eindruck hinterlassen zu haben: Bei seiner Beerdigung im Jahre 1853 auf dem Friedhof an der Schönhauser Allee sollen 60.000 Menschen dem Sarg gefolgt sein – die Gemeinde zählte damals etwas über 10.000 Mitglieder.

An der militärischen Ausgrenzung jüdischer Männer sollte sich auch im Kaiserreich nichts ändern, trotz ihrer eindrucksvollen Beteiligung am deutsch-französischen Krieg, der im Übrigen von den jüdischen Soldaten, was die Beziehungen zu ihren christlichen Kameraden anging, fast durchweg als überaus positive Erfahrung erlebt wurde. Auch bei der Vergabe von Ehrungen fühlte man sich nicht zurückgesetzt, lediglich das Verhalten mancher Vorgesetzter wurde beklagt, wenngleich nicht immer als judenfeindlich. Es ist vermutlich auf die zehn Jahre später einsetzende neue antisemitische Welle zurückzuführen, dass diese positive deutsch-jüdische Kriegserfahrung kaum Eingang gefunden hat in individuelle wie kollektive Erinnerungen. Bis zum Ersten Weltkrieg gab es in der preußischen Armee keine jüdischen Offiziere (aber auch kaum Offiziere aus dem kaufmännisch-bürgerlichen Milieu), nach 1885 auch keine Reserve-Offiziere, obgleich nach 1880 in Preußen ca. 25.000-30.000 junge Juden als Einjährig-Freiwillige dienten. Anders sah es im katholischen Bayern und in Österreich aus: Während im bayerischen Heer im 19. Jahrhundert insgesamt sechs Juden zu Offizieren befördert wurden, gab es in Österreich-Ungarn 2179 jüdische Offiziere, von denen nicht wenige geadelt wurden, und fast jeder fünfte Reserveoffizier war Jude. Dieser eklatante Unterschied zum deutschen Reich erklärt sich aus der Spezifik des Vielvölkerstaats, die dazu führte, dass die Armee hier deutlich liberaler war bzw. sein musste als andere staatliche Institutionen. Im protestantischen Preußen dagegen blieb die Armee ein Ort ohne Juden, und diese wiederum reagierten auf diesen Ausschluss individuell sehr unterschiedlich: Manch einer war froh, diesem »Ort des Schreckens«[30] zu entgehen, andere litten unter der Zurücksetzung, und vielleicht ist es kein Zufall, dass Beispiele für ersteres eher aus dem kaufmännischen, für letzteres eher aus dem bildungsbürgerlichen Milieu stammen. Eine pragmatische mittlere Haltung nahm der Vater des späteren Bankiers Max Warburg ein, als dieser ihm seine Überlegungen mitteilte, nach dem Dienst als Einjährig-Freiwilliger vielleicht doch die Offizierslaufbahn einzuschlagen: »Mein lieber Max, meschugge. Dein Dich liebender Vater«.[31]

Während die Ausgrenzung im Heer tendenziell für alle jüdischen Männer galt, betrafen andere staatliche Restriktionen vor allem diejenigen, die eine akademische Laufbahn einschlagen wollten. Die im Emanzipationsedikt bewusst unklar gehaltenen Bedingungen für die Aufnahme von Juden in den Staatsdienst wurden seit der Restauration wieder negativ ausgelegt und die wenigen seit 1812 neu Eingestellten wurden, wie etwa Ludwig Börne, nach 1814 wieder entlassen. Im Jahre 1822 schließlich wurden, anlässlich des Versuches des Juristen Eduard Gans (1798-1839), eine ordentliche Professur zu erhalten, auch die bis dahin noch geltenden Ausnahmeregeln abgeschafft. Den nachfolgenden Generationen blieb eine Beamtenlaufbahn und damit der Zugang zur staatstragenden Elite verwehrt, was immer wieder damit begründet wurde, dass sie schließlich als Juden nicht Repräsentanten eines christlichen Staates sein könnten. Für die kleine, aber wachsende Zahl akademisch gebildeter Männer war dies im 19. Jahrhundert ein dauerndes Problem und – je nach Ehrgeiz und Esprit – ein Stachel im Fleische. Gerade Intellektuelle jener Generation, die wie Gans und Börne, aber auch Heinrich Heine, die Aufbruchsstimmung nach 1812 bewusst miterlebt hatten und nun ihre politischen wie beruflichen Ambitionen enttäuscht sahen, entschlossen sich in den folgenden Jahren zur Taufe – was allerdings nicht bei jedem zur erhofften akademischen Karriere führte: Während z.B. Eduard Gans wenige Jahre später auf einen

---

[30]   Aron Liebeck, Mein Leben, (unveröff. Ms.) Königsberg 1928, S. 31.
[31]   Zitiert bei Berger, S. 125.

Lehrstuhl an die Berliner Universität berufen wurde, blieb dies dem gleichaltrigen Heine zeitlebens verwehrt. Die Universitäten blieben ein besonders umkämpftes Feld der jüdischen Nicht-Gleichberechtigung, und noch kurz vor dem Weltkrieg konstatierte eine Untersuchung die »Zurücksetzung der Juden an den Universitäten Deutschlands« mit eindrucksvollen Zahlen: »Wären von den jüdischen Universitätslehrern ein gleicher Prozentsatz in die höheren Stellen eingerückt, wie dies bei den christlichen Universitätslehrern der Fall war, so müßten drei- bis viermal soviele Juden Ordinarien sein, als es tatsächlich geworden sind; andererseits sind die Getauften zwar nicht in demselben Verhältnis wie die Christen, aber immerhin zwei- bis dreimal so oft wie die Juden Ordinarien geworden.«[32]

Die Zahl der Konversionen war seit 1823 deutlich angestiegen, wobei der Anteil der Männer schon seit 1805 den der Frauen deutlich überwog: So ließen sich z.B. in Frankfurt am Main zwischen 1800 und 1850 insgesamt 306 Männer und 187 Frauen taufen – die Zahlen zeigen jedoch auch, dass Konversion ein Randphänomen in der deutsch-jüdischen Gemeinschaft war und blieb, das bei Frauen meist mit einer Eheschließung einherging, bei Männern dagegen fast immer berufliche Gründe hatte: In jenen Phasen, in denen Hoffnung auf eine größere soziale Akzeptanz bestand, ging die Anzahl der Taufen deutlich zurück. Der Entschluss zum Verlassen der religiösen Herkunftsgemeinde hatte – neben den wenigen tatsächlich religiös motivierten Übertritten – immer etwas mit den unterschiedlichen Lebenschancen zu tun, die die Gesellschaft jüdischen Männern und Frauen bot. Dabei spielte für Männer wie z.B. Ludwig Börne neben den beruflichen Entwicklungschancen auch die Identifizierung mit bestimmten politischen Projekten eine Rolle, an denen man gleichberechtigt partizipieren wollte – eine Welt, die Frauen per se ausschloss. Gleichzeitig wurde dieser Schritt im männlich-jüdischen Umfeld häufig als »Unterwerfung«, Niederlage oder An-

---

[32]   Bernhard Breslauer, Zurücksetzung der Juden an den Universitäten Deutschlands, Berlin 1911, S. 6.

passung interpretiert, während eine weibliche Konversion »aus
Liebe« sehr viel weniger moralisch entwertet worden zu sein
scheint. So dramatisch sich dieser Schritt in einzelnen Biographi-
en auch darstellt – bzw. von den betroffenen Intellektuellen wie
Börne oder Heine dargestellt wurde – so deutlich muss auch betont werden, dass die große Mehrheit der jungen Akademiker ihr
berufliches Glück auf anderen Feldern suchte: Gerade der Jour-
nalismus erlebte ab 1820 einen wahren Boom, aber auch die Zahl
jüdischer Ärzte und Anwälte stieg in den nächsten Jahrzehnten
langsam, aber stetig an.

Die große Mehrheit der jungen jüdischen Männer entschied
sich jedoch ohnehin für eine Tätigkeit in jenem Bereich, in dem
schon ihre Väter gearbeitet hatten (und oftmals entschieden diese
für die Söhne!): den kaufmännischen Berufen in all ihrer sozialen
Differenzierung, die diese im Verlauf des 19. Jahrhunderts aus-
bilden sollten. Lediglich in den neuen preußischen Provinzen gab
es einen nennenswerten Anteil von jüdischen Handwerkern, in
den übrigen Landesteilen jedoch war und blieb man in jenem
Wirtschaftssektor, der mit der Durchsetzung der kapitalistischen
Produktionsweise ab ca. 1830 einen ungeheuren Aufschwung erlebte: dem Handel mit weiterzuverarbeitenden landwirtschaftli-
chen Produkten und Rohstoffen, in zunehmendem Maße auch
mit Konsumgütern. Es war in diesen Berufszweigen, dass sich der
oftmals beschriebene deutsch-jüdische »Aufstieg in die Mittelschicht« vollzog: Noch im Kaiserreich, als die meisten jüdischen
Familien eine gesicherte bürgerliche Existenz ihr Eigen nennen
konnten, verdiente über die Hälfte der jüdischen Männer ihren
Lebensunterhalt im Handel und zwar keineswegs nur als gebildete Großkaufleute, sondern mehrheitlich als kleine Händler und
Ladenbesitzer, als kaufmännische Angestellte und Vertreter. Dies
bedeutete auch, dass für viele jüdische Männer der Broterwerb ein
harter Existenzkampf war, für manche, die Erfolgreichen, vielleicht nur während einiger Jahre, für andere ihr ganzes Leben
lang. In zahlreichen Autobiographien spiegeln sich die Anstren-
gungen, Sorgen und Versagensängste, die dieser statistische
»Aufstieg in die Mittelschicht« für den Einzelnen mit sich bringen

konnte. Bis weit ins 19. Jahrhundert hinein finden sich immer
wieder Belege für den ungeheuren Druck, unter dem viele Männer litten, deren Leben, so die »Allgemeine Zeitung des Judentums« im Jahre 1844, »ein unaufhörliches Mühen und Plagen
(war), um zu bestehen«[33] – angeblich stieg um 1850 sogar die
Selbstmordrate unter Männern aufgrund existentieller Sorgen
stark an. Dass dieser Druck auch an die nächste Generation wei-
tergegeben wurde, lässt sich ebenfalls den Biographien entnehmen, wenn z.B. Schwestern schildern, wie streng die Eltern auf
schulisches Versagen der Söhne reagierten, während sie als Mädchen deutlich mehr Spielraum besaßen, da eine Berufstätigkeit
für sie ohnehin nicht vorgesehen war: »Wenn mein Bruder mal
mit einer etwas schlechteren Note in Latein aus der Schule kam«,
erinnerte sich beispielsweise die Wienerin Toni Stolper (1890-
1988), »dann war das eine Familienkatastrophe. Flüsternd, mit
Tränen in den Augen und Leidensmiene saßen wir am Tisch, als
ob gerade jemand im Haus gestorben wäre«.[34] Um 1900, als ein
Viertel aller Gymnasiasten in Berlin aus jüdischen Familien
stammte, waren die Eltern meist so arriviert, dass die Berufsziele
der Söhne für sie feststanden: Arzt oder Anwalt, ein akademischer
Beruf also als Krönung des ein oder zwei Generationen zuvor im
Handelssektor erlebten Aufstiegs.

Durch die Konzentration auf die kaufmännischen bzw. die frei-
en akademischen Berufe unterschieden sich die jüdischen Bürger
deutlich von ihren christlichen und hier vor allem von den protestantischen Klassengenossen, die sehr viel stärker in den staatstragenden Berufen vertreten waren und als Pfarrer, Lehrer, Beamte
oder Professoren auch in weitaus geringerem Maße von Existenz-
sorgen geplagt wurden. Das deutsch-protestantische Bildungsbürgertum setzte im 19. Jahrhundert die Wertmaßstäbe für ein
erfolgreiches, ein gesättigtes wie gesittetes Leben – und dazu gehörte auch die Abgrenzung gegen eine Welt des »schnöden Mam-

---

[33]   Allgemeine Zeitung des Judentums 1844, H. 24, S. 322.
[34]   Zitiert nach Julie Lieber, Crafting the Future of Judaism: Gender and Religious
       Education in Vienna 1867–1914 Leo Baeck Institute Yearbook 55, 2010, S. 205-248,
       S. 223.

mons«, gegen die verderbliche Gewinnsucht und den verachtens-
werten Materialismus der Kaufmannswelt. Wir wissen nicht,
inwieweit diese internen Spannungen der Bürgerwelt wirklich für
den Einzelnen spürbar waren oder welchen Einfluss sie tatsächlich auf sein Leben besaßen, sicher ist nur, dass jüdische Männer
insgesamt aufgrund ihrer spezifischen beruflichen und sozialen
Situation eher mit einem Gefühl des Prekären und Unsicheren
leben mussten sowie vermutlich unter größerem Druck standen
als die protestantischen Lehrer oder Postbeamten: Als Kaufleute
und Händler mussten sie erst einmal beweisen, dass ihr Leben
den bürgerlichen Werten durchaus entsprach, dass man ebenso
Teil hatte an Kultur und Bildung und ein gesittetes Familienleben
zu führen wusste; die große Anzahl bedeutender jüdischer Mäze-
ne mag man als, wenngleich unbewussten, Ausdruck dieser besonderen Anstrengung interpretieren. Doch selbst bis hinein in
den privaten Bereich finden sich Spuren dieser innerbürgerlichen
Dichotomie, wenn z.B. in der Romantik die »hochgebildeten Jüdinnen« ausgespielt wurden gegen ihre geistlosen, handeltreibenden Männer. Wenige Jahrzehnte später galt es, in einer gemeinsamen Familienanstrengung das Ideal der nicht arbeitenden
»bürgerlichen Hausfrau« materiell zu erreichen und abzusichern
– und gleichzeitig wandelten sich auch die Rollenerwartungen an
jüdische Männer als Familienoberhäupter.

Leider wissen wir kaum etwas darüber, wie die fundamentale
Veränderung im Idealbild jüdischer Männlichkeit, also vom Gelehrten zum Ernährer der Familie, wie sie sich im Übergang zur
Moderne vollzogen hatte, von den historischen Subjekten erlebt
wurde. Dabei änderte sich ja nicht nur das tägliche Tun, sondern
auch der Bezug auf das direkte Umfeld, in dem nun die Familie
als Kerngruppe in den Vordergrund rückte. Die Verbürgerlichung der deutschen Juden ist vielfach als Familienprojekt beschrieben worden, aber bislang lag der Schwerpunkt der Unter-
suchungen auf dem weiblichen Anteil und der weiblichen Rolle,
während Männer lediglich in ihrer beruflichen Funktion in den
Blick gekommen sind. Darüber, wie sie ihre Familienaufgaben
ausfüllten, ist wenig bekannt: Waren sie wirklich, wie die Erin-

nerungsliteratur glauben machen will, weniger patriarchal, liebe-
vollere Väter und bessere Ehemänner als Katholiken und Protes-
tanten? Die deutsch-jüdische Familie als Insel der Harmonie:
Angesichts der äußeren Zumutungen, des sozialen Drucks und
der Mühen des Aufstiegs ist dies kaum vorstellbar – wohl aber
scheint es plausibel, dass die Angehörigen einer sich ihres Status
nie wirklich sicher fühlenden Minderheit umso mehr eines festen Familienzusammenhalts bedurften und auch retrospektiv
gerade dessen positive Seiten besonders betonen. Zudem gehört
eine »glückliche Ehe" und ein »harmonisches Familienleben«,
so Karin Hausen, allgemein zu den *essentials* einer gelungenen
bürgerlichen Lebensführung und Gegenteiliges lässt sich entsprechend selten in autobiographischen Darstellungen, egal welcher Religion, finden.

Im vorehelichen Verhalten jedenfalls scheinen sich jüdische
Männer kaum von ihren christlichen Geschlechtsgenossen unterschieden zu haben: Es war ihnen durchaus erlaubt, sexuelle Erfahrungen mit sozial niedriger stehenden Frauen zu suchen, sei
es mit Dienstmädchen, sei es mit jungen Frauen aus ärmeren
Schichten, die sich Hoffnung auf eine »gute Partie« gemacht hatten. Die Ehe selbst wurde dann jedoch nach materiellen bzw.
Standeskriterien geschlossen. Hierbei waren noch im Kaiserreich
oftmals Ehevermittler tätig, oder aber die Familie wurde hinter
den Kulissen aktiv, um junge Leute zusammenzuführen und zumindest den Schein einer autonomen Entscheidung zu wahren.
Über das Glück dieser Verbindungen sagt ihr Beginn wenig aus,
und auch die Tatsache, dass bei Scheidungen jüdische Männer
deutlich häufiger – im Vergleich zu ihren Frauen – des Ehebruchs
beschuldigt wurden als christliche Männer, hat vermutlich in erster Linie mit der Schichtzugehörigkeit der meisten jüdischen Paare zu tun: Bürgerliche Frauen besaßen deutlich weniger Chancen
zum Ehebruch als z.B. Frauen im Arbeitermilieu, dem die Mehrheit der christlichen Familien angehörte.

Neben einer möglichst standesgemäßen Herkunft war die Religionszugehörigkeit *das* ausschlaggebende Kriterium bei der Suche nach dem »richtigen« Partner: Er oder sie mussten jüdisch

sein, Mischehen waren seit ihrer rechtlichen Ermöglichung durch die Einführung der Zivilehe 1875 nicht gern gesehen und so blieben die deutschen Juden bis 1933 tendenziell eine endogame Gruppe. Zwar nahm die Zahl der Mischehen in dieser Phase langsam zu, der reale Anstieg war jedoch insgesamt keineswegs so groß, wie es spektakuläre Zahlen für manche Großstädte, wie z.B. Hamburg, vermuten lassen. Mischehen waren eher ein urbanes Phänomen und ein männliches, denn es gingen immer deutlich mehr Männer als Frauen eine solche Verbindung ein, wobei das jeweilige Verhältnis von Ort zu Ort, von Stadt zu Stadt schwanken konnte und die Zahlen während der Weimarer Republik noch einmal deutlich zunahmen. Hierfür mag es verschiedene Gründe geben: Männer besaßen allgemein mehr Entscheidungsmacht über ihr eigenes Leben, während Frauen eher konvertierten, wenn sie einen Christen heirateten oder aber alleine blieben, anstatt sich zu einem solchen Schritt zu entschließen. Ebenfalls deutlich ist der Faktor Klasse: Diejenigen Männer und Frauen, die eine Mischehe eingingen, kamen tendenziell aus den weniger wohlhabenden Schichten der jüdischen Bevölkerung, was besonders für Frauen gilt. Damit relativiert sich auch eine mögliche Interpretation des Phänomens »Mischehe«: Es war sicher u.a. ein Zeichen für die langsam wachsende Autonomie junger Frauen, die, gerade während der Jahre der Weimarer Republik, verstärkt in Angestelltenberufe drängten, ihr eigenes Geld verdienten und unabhängige Entscheidungen treffen konnten. Mindestens ebenso klar lässt sich aus den Statistiken jedoch die Funktion der Mischehe als Versorgungsinstanz ablesen, gerade für ältere Frauen, die auf dem jüdischen Heiratsmarkt nicht fündig geworden waren. Die höchst individuelle Entscheidung, einen Menschen mit einer anderen Religionszugehörigkeit zu heiraten, lässt sich im Nachhinein nur schwer in ein allumfassendes Interpretament einpassen: ob als Zeichen wachsender Integration oder schwindender religiöser Bindekraft, ob als Symbol der »Neuen Frau« oder mangelnder Gruppenloyalität: Letztlich geben die Zahlen darüber nur begrenzt Auskunft – und noch viel weniger über eine weitere mögliche Motivation: die gegenseitige Zuneigung.

Sicher ist jedoch, dass Mischehen aus Sicht der jüdischen Gemeinschaft eine Gefährdung bedeuteten, zumal die Kinder aus solchen Verbindungen oftmals »dem Judentum verloren gingen«. Schon früh wurde daher die »Mischehenfrage« in den jüdischen Zeitungen diskutiert oder in pathetischen Fortsetzungsromanen in Szene gesetzt, in denen die meist weiblichen Protagonistinnen auf die eine oder andere Art elend scheiterten. Und auch in den Gemeinden war der konkrete Umgang mit den dergestalt »Abtrünnigen« nicht geschlechtsneutral: Während Frauen die Gemeindezugehörigkeit verloren, gab es bei Männern nur ab und zu Probleme, wenn sie beispielsweise für ein Gemeindeamt kandidieren wollten. Gleichzeitig war die Debatte um die Mischehe um 1900 Teil eines »diffusen Krisengeraunes« (van Rahden), bei dem Frauen – aus Lüsternheit, moralischer Schwäche, materieller Gier – die Schuld an einem Phänomen zugeschrieben wurde, an dem jüdische Männer in weitaus höherem Maße Anteil hatten.

Durch die immer wieder zu konstatierende Konzentration der internen jüdischen Selbstverständigungsdebatten auf die Frauen, ihre Stärken und Schwächen, rücken die Zuschreibungen und Erwartungen, die jüdische Männer betrafen, in den Hintergrund, sind gleichzeitig weniger konturiert und weniger aufgeladen, jedoch durchaus eindeutig. Der jüdische Mann, darin waren sich Rabbiner und Publizisten aller jüdischen Richtungen im 19. Jahrhundert einig, war grundsätzlich sanft, häuslich und gefühlvoll, da das Judentum seit jeher eine familienzentrierte Religion gewesen sei. Jüdische Männlichkeit gründete sich daher nicht auf militärischen Habitus und Macht, sondern auf Werte wie Moralität und Loyalität, gerade Reformrabbiner gingen soweit, diese Eigenschaften explizit als »weiblich« zu bezeichnen. All dies war bis weit ins 19. Jahrhundert hinein noch kein Angriff auf die männliche Geschlechtsidentität, im Gegenteil: Vor allem in der ersten Hälfte des 19. Jahrhunderts wurde der ideale bürgerliche Mann auch und gerade im Protestantismus als gefühlvoll und familienorientiert beschrieben und diese Normierungen scheinen vor allem im kaufmännischen Milieu lange dominant geblieben zu sein. »Familieninnigkeit« war und blieb das Schlüsselwort für

Bürgerglück, das sich damit bewusst von der adligen Lebenswelt abgrenzen wollte. Militärische Werte, Duelle, Kriegsdienst – all dies galt lange als adlig konnotiert und stieß in den bürgerlichen Familien jedweder Religion auf wenig Gegenliebe: So waren 1817 in Köln – also kurz nach dem patriotischen Furor der »Freiheits- kriege« – über die Hälfte der Männer nicht tauglich, und auch dreißig Jahre später gingen in Preußen gerade mal ein Viertel aller jungen Männer zur Armee. Zwar insistierten jüdische Poli- tiker auch in dieser Zeit auf dem gleichberechtigten Zugang zum Militärdienst, ihnen ging es dabei aber stets um die Gleichberech- tigung als Bürger und weniger um die Profilierung als »wahre Männer«. Eine militärisch ausgeprägte Männlichkeit war für die bürgerliche Kultur des langen 19. Jahrhunderts bei weitem nicht so zentral, wie der verengte Blick aufs Kaiserreich suggeriert, und sie wurde auch nach 1871 nicht sofort zum »hegemonialen Kul- turmuster« (Frevert). Kriegerisch-militärische Idealvorstellungen von Männlichkeit finden sich zunächst vor allem im akademisch- bildungsbürgerlichen Milieu, und es ist unklar, wann und wie weit diese schließlich in die kaufmännische Welt diffundierten, der ja weiterhin die Mehrheit der Juden angehörte.

Allerdings scheint sich zwischen 1871 und 1900 in der Defini- tion von Männlichkeit und Weiblichkeit, genauer gesagt in deren Grundierung eine entscheidende Änderung vollzogen zu haben: Nicht mehr ausgewogene bürgerliche Charaktere waren das Ideal, sondern biologistisch klar abgegrenzte und an den Körper rück- gebundene Geschlechtsidentitäten. Nun wurde die Postulierung einer angeblich »weiblich« geprägten, sanften Männlichkeit für jüdische Männer tatsächlich problematisch, denn sie wurde zum antisemitischen Ausschlusskriterium – aus der Gemeinschaft der militärisch geprägten Männer und damit aus der so definierten Nation: Der »verweiblichte Jude« wurde zum zentralen Stereotyp der antisemitischen Agitation, die jüdische Männer folglich im- mer auch als Frontalangriff auf ihre Geschlechtsidentität erleben mussten.

Schon in den Jahrhunderten zuvor hatte sich das Bewusstsein über jüdische Differenz am männlichen Körper bzw. an einem

Teil desselben festgemacht. Neben allerlei Mythen bezog sich dies fast immer auf den sichtbaren Unterschied zwischen jüdischen und christlichen Männern: die Beschneidung, über die vor allem seit der Mitte des Jahrhunderts jüdischerseits, aber auch unter christlichen Medizinern eifrig diskutiert wurde, vergleichsweise selten jedoch mit antisemitischen Untertönen. Dabei galt der beschnittene Penis keineswegs automatisch als unmännlich, sondern war vielmehr Auslöser christlicher Phantasien über die potente jüdische Konkurrenz, wie sich z.B. schon beim jungen Wilhelm von Humboldt nachlesen lässt, der sich in seinen Briefen an Gustav von Brinckmann (1764-1847) geradezu obsessiv mit den »Beschnittenen« beschäftigte, während er gleichzeitig begeistert in den Salons ihrer Schwestern verkehrte. Diese, die Salonièren, waren damals durchaus zur Zielscheibe antijüdischer Anwürfe geworden, die ihnen ihre Weiblichkeit absprachen – ein Vorgehen, das sich jedoch nicht spezifisch gegen Juden richtete, sondern vielmehr ein Standardvorwurf gegen gebildete Frauen war und ist. In Briefen, Pamphleten und Theaterstücken jener Jahre – wie z.B. dem ersten offen antisemitischen Stück »Unser Verkehr«, das 1813 in Breslau uraufgeführt wurde – wimmelt es von boshaften Darstellungen halbgebildeter, affektierter Frauen, die weder wirklich »gebildet« noch wirklich »weiblich« sind: »Sie lesen viele Bücher, sprechen mehrere Sprachen, spielen manche Instrumente, zeichnen in verschiedenen Manieren, malen in allen Farben, tanzen in allen Formen und besitzen alles einzelne, besitzen aber nicht die Kunst, alle die Einzelheiten als Ganzes zu einer schönen Weiblichkeit zu verbinden.«[35]

Mit dem Ende der Salons und dem Einsetzen der Restauration jedoch gerieten jüdische Frauen aus dem Blickfeld der Antisemiten. Ihr Bild, wenn sie denn überhaupt eines solchen für würdig befunden wurden, blieb ambivalent und schwankte zwischen bösartigen Zeichnungen alter Matronen und der Vorstellung der »schönen Jüdin«, die als erotisch-exotische Verführerin die männ-

---

[35]   Karl Wilhelm Friedrich Grattenauer, Wider die Juden, ein Wort der Warnung, Berlin 1803.

lichen Phantasien beflügelte. Sehr viel intensiver und eindeutiger
waren die antisemitischen Vordenker in den folgenden Jahrzehnten, wie gezeigt, darum bemüht, Argumente für den Ausschluss
jüdischer Männer aus der Staatsbürgergemeinschaft zu finden –
Frauen gehörten qua Geschlecht ohnehin nicht dazu. Obgleich dies
auch im frühen 19. Jahrhundert durchaus schon, wie etwa bei der
Christlich-deutschen Tischgesellschaft eines Achim von Arnim,
rassistische Untertöne haben konnte, setzte die physische Aus- und
Abgrenzung des jüdischen Männerkörpers erst im letzten Drittel
des 19. Jahrhunderts ein. »Der Jude« wurde als Gegenbild des
klassischen »griechischen« Schönheitsideals konstruiert, das zu-
gleich eine Einheit von idealem Körper und vollkommenen Geist
suggerieren sollte: Jüdische Männer wurden als effeminiert ge-
zeichnet, als unmännlich und unmilitärisch und konkret mit Platt-
füßen, flachem Brustkorb, schiefer Haltung versehen, sie gestiku-
lierten »wie Weiber« oder Homosexuelle und waren stets nah an
der Grenze zur weiblichsten aller Pathologien: der Hysterie. Gleichzeitig aber waren sie, ähnlich wie Frauen, ohne Selbstbeherrschung
ihren Lüsten ausgeliefert, also gleichzeitig hypersexuell *und* ver-
weiblicht. In dieser Ambivalenz potent/impotent liegt die Spezifik
des antisemitischen Bildes vom jüdischen Mann, das sich dadurch
deutlich von anderen sexualisierten Rassismen unterscheidet. Und
im Gegensatz zu früheren Diskriminierungen wurden diese gifti-
gen Angriffe auf die männlich-jüdische Geschlechtsidentität nun
körperlich verankert und wissenschaftlich festgeschrieben.

Wie jüdische Männer diese Attacken individuell verarbeiteten,
ist kaum erforscht, lediglich kollektive Reaktionen sind bislang in
den historischen Blick geraten und werden im folgenden Kapitel
dargestellt. Die amerikanische Historikerin Paula Hyman hat zudem vermutet, dass der Vorwurf der »Verweiblichung« den Druck
auf jüdische Männer erhöhte, sich ihrerseits stärker von Frauen
abzugrenzen, indem man deren Verhalten als unjüdisch, schäd-
lich, unweiblich diskreditierte. Gleichzeitig wurde das Idealbild
der bürgerlich-jüdischen Familie, die die Reinheit und Sittlichkeit
ihrer Mitglieder bewahrt, gegen die antisemitischen Schmähungen einer angeblich ungezügelten jüdischen Sexualität in Stellung

gebracht. Betrachtet man die innerjüdischen Debatten um 1900, so lassen sich viele Indizien für diese Vermutung zusammentragen. Die fast durchweg männlichen Teilnehmer dieser Diskussion konstatierten unisono eine »Krise des Judentums«, als deren Symptome sie einerseits die wachsende religiöse Indifferenz, andererseits den demographischen »Verfall« diagnostizierten, aber interessanterweise ursächlich den sozialen Aufstiegswillen der Minderheit, was zunächst einmal beide Geschlechter betraf: »Es ist eben die jüdische Einfachheit, der Sinn für Sparsamkeit und Bescheidenheit in der Lebensführung bei den Juden im Schwinden begriffen. Das Bestreben, nach außen hin glänzend aufzutreten, einen Standard of life zu erklimmen, der mit den vorhandenen materiellen Vorbedingungen nicht immer im Einklang steht, dringt in immer weitere jüdische Kreise ein.«[36] Dies wiederum hätte, so heißt es unisono weiter, gerade für die Frauen verheerende Ausmaße, die aufgrund ihres erwachenden, egoistisch-materialistischen Interesses an einem Beruf und einem eigenen Auskommen ihrer Rolle als Hüterinnen der jüdischen Tradition nicht mehr gerecht würden, ihre wenigen Kinder, wenn sie überhaupt noch welche bekämen, nicht mehr zu gläubigen Juden und wohlanständigen Bürgern erzögen und so nicht nur die Sittlichkeit der Familien gefährdeten, sondern auch noch den Antisemiten in die Hände spielten.

Wieder einmal bildeten also die jüdischen Frauen die »Avantgarde der Abtrünnigen« (Hyman) und die intakte jüdische Familie wurde zur Lösung aller Probleme stilisiert, wobei, wie schon hundert Jahre zuvor, nostalgische Verklärung und zeitgenössische Schuldzuweisungen Hand in Hand gingen – ungeachtet der realen Geschlechterverteilung bei den sichtbaren Symptomen des »Verfalls«, wie Mischehen oder Taufen. Die Verschiebung vom »halachischen zum bürgerlichen Patriarchat« (Richarz) hatte an der Definitionsmacht über die Geschlechterrollen wenig geändert, auch wenn sich die öffentlichen Handlungsspielräume für beide Geschlechter nach und nach erweitern sollten.

---

[36]   Segall, S. 77f.

Männerräume – Frauenräume

Der Zugang zu den unterschiedlichen gesellschaftlichen Räumen, die Möglichkeit, diese überhaupt erst zu kreieren, zu gestalten und zu verändern, all dies war in der bürgerlichen Gesellschaft des 19. und 20. Jahrhundert streng geschlechtsspezifisch strukturiert. In anderen Worten: Die öffentlichen Handlungsspielräume von Männern und Frauen waren so grundsätzlich verschieden, dass es erst in zweiter Linie eine Rolle spielte, welcher Religion oder Klasse er oder sie angehörte. Gleichzeitig bedeuteten die sich über mehr als ein Jahrhundert hinziehenden Emanzipationsprozesse jedoch auch eine langsame, aber stetige Ausweitung, Ausdifferenzierung und Pluralisierung dieser Spielräume für all diejenigen, die am Anfang dieses Zeitraums noch so gut wie keinen Zugang in die nicht umsonst »bürgerliche Öffentlichkeit« genannte Sphäre besessen hatten: für Frauen, für Juden, für Arbeiter.

Und so waren es zu Beginn des Emanzipationszeitalters die wohlhabenden jüdischen Männer, denen es ermöglicht wurde, am allgemeinen gesellschaftlichen Leben zu partizipieren, in Vereinen und berufsständischen Vertretungen mitzuarbeiten, an politischen Diskussionen teilzuhaben und sich aktiv für das Gemeinwohl einzusetzen: Schon 1796 zum Beispiel wurde David Friedländer in die Gilde der Berliner Tuch- und Seidenhändler aufgenommen, seinen Königsberger Namensvetter Samuel Friedländer (1790-1851) wählte man dreizehn Jahre später als ersten Juden in ein Stadtparlament. Die Kommunalpolitik sollte während des ganzen 19. Jahrhunderts und bis in die Weimarer Republik hinein das beliebteste Territorium für jene Juden bleiben, die sich ehrenamtlich politisch engagieren wollten, während jüdische Politiker auf gesamtstaatlicher Ebene selbst im Kaiserreich eher die Ausnahme blieben – trotz einiger großer Namen wie Johann Jacoby (1805-1877), Ludwig Bamberger (1823-1899) oder Hugo Haase (1863-1919). Die Lokalpolitik und auch das im 19. Jahrhundert sich immer stärker entfaltende städtische Vereinsleben bot jüdischen Männern die Möglichkeit, sowohl ihr bürgerliches Engagement als auch ihre Heimatverbundenheit öffentlich unter Beweis zu stellen und mit ihren christlichen Standesgenossen als Gleiche unter Gleichen zu verkehren.

Dass dies jedoch keineswegs immer der Fall war, davon zeugen zahlreiche Memoiren und zeitgenössische Berichte und Analysen in der jüdischen Presse. Sicher gestaltete sich der – mal subtil, mal weniger subtil durchgesetzte – Ausschluss von Juden aus der bürgerlichen Öffentlichkeit nach Ort und Zeit sehr unterschiedlich, aber dennoch blieb gerade bei den ambitionierten, bürgerlich wohlsituierten und erfolgreichen jüdischen Männern oftmals jenes Gefühl zurück, das Walther Rathenau (1867-1922) in folgende berühmte Worte gefasst hat: »In den Jugendjahren eines jeden deutschen Juden gibt es einen schmerzlichen Augenblick, an den er sich zeitlebens erinnert: wenn ihm zum ersten Male voll bewusst wird, dass er als Bürger zweiter Klasse in die Welt getreten ist und keine Tüchtigkeit und kein Verdienst ihn aus dieser Lage befreien kann.«[37]

Inwieweit diese grundsätzliche Frustration tatsächlich von den meisten männlichen Juden um 1900 geteilt wurde oder ob nicht vielmehr ein Großteil von ihnen relativ zufrieden und ohne dramatische innere Spannungen und Ambitionen in einem sozialen Umfeld lebte, das ohnehin und bewusst vorwiegend jüdisch geprägt war, ist bislang kaum Gegenstand der Forschung gewesen. Es lässt sich jedoch mit einiger Sicherheit sagen, dass das sich im 19. Jahrhundert ausdifferenzierende jüdische Vereinsleben vielen Männer die Möglichkeit bot, sich in »moderner« und oftmals nicht primär religiöser Form in der jüdischen Sphäre zu bewegen und zu betätigen. Gleichzeitig, und dies gilt vor allem für die Zeit des Kaiserreichs und der Weimarer Republik, lassen sich manche jüdische Vereinsgründungen auch als Antwort lesen auf die von ihnen erlebte Ausgrenzung aus bestimmten öffentlichen Räumen.

Schon in der Zeit der *Haskala* gründeten junge jüdische Männer neue Vereine, deren Zielsetzung über die traditionellen, reli-

---

[37]   Walther Rathenau, Staat und Judentum. Eine Polemik, in ders., Gesammelte Schriften 1, Berlin 1918, S. 188f.

giös begründeten Bruderschaften hinaus reichte. Die »Gesellschaften der Freunde« in Berlin und Königsberg sowie die
»Gesellschaft der Brüder« in Breslau waren zwar auch Vereini-
gungen zur gegenseitigen materiellen Unterstützung in Notfäl-
len, gleichzeitig aber engagierten sich die dort Versammelten
philantropisch im Sinne der Aufklärung und pflegten eine vergleichsweise offene Geselligkeit. Dass dies auf ein akutes Bedürfnis unter jungen gebildeten Juden stieß, belegt der große Zulauf,
dessen sich diese Neugründungen erfreuten. Vor allem in Berlin,
wo alsbald nicht nur Juden, sondern auch Konvertiten als Mitglieder akzeptiert wurden, bot die »Gesellschaft der Freunde« einen
öffentlichen Begegnungsraum gerade für die Angehörigen jener,
für die großstädtische Oberschicht des 19. Jahrhunderts durchaus
typischen »Zwischengruppe« (Panwitz) aus Juden und Nicht-
mehr-Juden, die sich ja zumeist seit frühester Kindheit kannten
und miteinander verwandt und verschwägert waren.

Die nächste Generation jüdischer Intellektueller dagegen wollte ein eindeutig jüdisches, aber »modernes« Umfeld für sich
schaffen und suchte nach einem Weg, der jüdischen Tradition
verbunden zu bleiben, ohne religiös zu sein. Der 1819 gegründete »Verein für Cultur und Wissenschaft des Judentums« glaubte
diesen Weg in der wissenschaftlichen Auseinandersetzung mit
jüdischer Kultur und Geschichte gefunden zu haben – und obgleich er nur fünf Jahre bestand und manch eines seiner berühmten Mitglieder wie Eduard Gans oder Heinrich Heine sich später
taufen ließ, markiert der Verein den Beginn der akademischen
Auseinandersetzung mit dem Judentum. Diese wurde interessanterweise von ihren frühen Protagonisten in starke Geschlechterbilder umgesetzt: »Wir sind Männer geworden und wollen
Männerkost: Wissenschaft!«, tönte beispielsweise der 23-jährige
Abraham Geiger in einem Brief an den sechzehn Jahre älteren
Leopold Zunz (1794-1886).[38] In dem Maße, in dem Religion allgemein zunehmend »weiblich« konnotiert wurde und sich gera-

---

[38]   Brief vom 13.101833, abgedruckt in: Zeitschrift für die Geschichte der Juden in
       Deutschland 5, 1892, S. 248.

de die jüdischen Reformer mit Verve um die vorgeblich gefühl-
vollen Frauen kümmerten, erschien jungen Männern, so lässt
sich mutmaßen, die rationale, objektivierbare Welt der Wissenschaft umso attraktiver – und sie konnte daher nur »männlich«
sein.

Während die Wissenschaft des Judentums in den folgenden
Jahrzehnten ein Nischendasein außerhalb der eigentlichen Orte
akademischen Lebens, der Universitäten führte, konnten zahlreiche junge Juden ihr grundsätzliches Verlangen nach »Männerkost« eben dort stillen: Eine langsam ansteigende Zahl von ihnen
studierte trotz der schlechten Berufsaussichten im staatlichen
Sektor und wählte meist Medizin, zunehmend auch Jura, beides
Fächer, die auch eine freiberufliche Existenz ermöglichten. Erst
im Kaiserreich nahm die Zahl der jüdischen Studenten dann sig-
nifikant zu, so dass sie um 1900 an den preußischen Universitäten ca. neun Prozent aller Studierenden ausmachten. Von diesen
wiederum kam knapp ein Drittel aus dem Ausland, vor allem aus
dem Zarenreich.

So attraktiv also die deutschen Bildungsanstalten für eine wachsende Zahl junger jüdischer Männer waren, so problematisch war
das gesellschaftliche Umfeld, in dem sie sich dort bewegen mussten. Seit dem Wartburgfest hatte eine deutschnationale und tendenziell antisemitische Grundhaltung das Leben der studentischen Burschenschaften gekennzeichnet, lediglich im Jahrzehnt
nach 1848 hatte man jüdische Mitglieder in größerer Zahl aufgenommen. Die im Kontext des »Berliner Antisemitismusstreits«
1880/81 vor allem an den Universitäten kursierende Antisemiten-
Petition wurde von knapp einem Fünftel aller Studenten unter-
schrieben.

Angesichts der Tatsache, dass viele junge Männer zum Studium in eine Universitätsstadt zogen, wo sie zunächst keine sozialen Kontakte besaßen, spielten die studentischen Organisationen
eine nicht zu unterschätzende Rolle als Anlaufstelle und geselliger
Ort. Zudem hielten die ehemaligen Bundesbrüder auch nach
dem Studium den Kontakt aufrecht, unterstützen sich beruflich
und förderten ihrerseits die nachrückenden Generationen. Und

schließlich dienten sie der Vermittlung spezifisch männlich konnotierter Werte wie »Ehre« und »Wehrhaftigkeit«, die im Kaiserreich zunehmend militärisch aufgeladen wurden. Der im letzten Drittel des 19. Jahrhunderts mehr oder weniger flächendeckende Ausschluss aus dieser Form der männlichen Vergemeinschaftung war also weit mehr als eine weitere Form der antisemitischen Exklusion, er war auch ein direkter Angriff auf Ehrgefühl und Männlichkeit der Betroffenen.

Dagegen setzte sich eine kleine Zahl jüdischer Studierender zur Wehr und gründete 1886 in Breslau die erste jüdische Studentenverbindung unter den Namen »Viadrina«, deren Motto »Nemo me impune lacessit« recht explizit die Motivation ansprach, die die jungen Männer zum Zusammenschluss bewegt hatte: »Wir müssen das Odium der Feigheit und Weichlichkeit, das auf uns lastet, mit aller Energie zurückweisen... Mit der wirklichen körperlichen Kraft und Gewandtheit wird auch das Selbstvertrauen und die Selbstachtung wachsen, und niemand wird sich mehr schämen, ein Jude zu sein«.[39] Dementsprechend übernahm die »Viadrina« und die nach ihrem Vorbild an fünf weiteren Universitäten entstandenen Studentenverbindungen, die sich 1896 zum »Kartell Convent der Verbindungen deutscher Studenten Jüdischen Glaubens« zusammenschlossen, die Formen, Aktivitäten und die Werteordnung der burschenschaftlichen Lebenswelt: Es ging darum, die jüdische Ehre zu verteidigen, Antisemiten zum Duell zu fordern und so die eigene Männlichkeit durch möglichst »zackiges« Auftreten, möglichst großen »Schneid« beim Fechten unter Beweis zu stellen. Duelle, die als ursprünglich adlige Institution seit den Freiheitskriegen auch unter bildungsbürgerlichen jungen Männern zur Verteidigung der »Ehre« im 19. Jahrhundert weit verbreitet waren, waren zwar verboten, fanden aber dennoch gerade in Studentenkreis immer wieder statt, ca. ein Fünftel von ihnen endete tödlich. Der erste jüdische Student, der sich per Duell gegen antisemitische Schmähungen zur Wehr setzte, war

---

39 Denkschrift Viadrina 1886, zitiert nach Miriam Rürup, Ehrensache, Jüdische Studentenverbindungen an deutschen Universitäten, 1886-1937, Göttingen 2008, S. 204.

Benno Jacob (1862-1945), einer der frühen Mitglieder der »Viadrina« und später Rabbiner in Göttingen und Dortmund. Zwar suchten die jungen Juden vor allem nichtjüdische Gegner, da diese ihnen aber immer wieder die Satisfaktion verweigerten, fanden ca. zwei Drittel der jüdisch-studentischen Duelle untereinander statt: Mit der Gründung dezidiert nationaljüdischer bzw. zionistischer Verbindungen seit den 1890er Jahren – Vorläufer hatte es im Habsburgerreich schon zehn Jahre zuvor gegeben – rückten die innerjüdischen Auseinandersetzungen zwischen ihnen und den deutsch-jüdischen Studenten ins Zentrum des burschenschaftlichen Studentenlebens. Die oftmals wortgewaltig in den jeweiligen Publikationen sowie direkt auf dem Fechtboden ausgetragenen Duelle dürfen jedoch nicht darüber hinwegtäuschen, dass die derart engagierten jüdischen Männer immer eine Minderheit blieben: die meisten jüdischen Studenten organisierten sich entweder gar nicht oder in den beliebten Freistudentenschaften, die ihre Mitglieder unabhängig von der Konfession aufnahmen.

Während man die Bedeutung des Verbindungslebens für junge jüdische Männer um 1900 also nicht überschätzen sollte – die große Mehrheit waren ohnehin Kaufleute und Handlungsgehilfen –, so spielten die dort vermittelten Werte und Haltungen im Innenleben der jüdischen Gemeinschaft durchaus eine Rolle: Die Generation derjenigen, die in den letzten zwei Dekaden vor dem Ersten Weltkrieg studiert hatten, war dort sowohl massiv mit Antisemitismus als auch mit einem Verständnis von Judentum in Berührung gekommen, dass sich selbstbewusst zur Wehr zu setzen wusste – und sie übernahmen in den folgenden Jahren, vor allem in der Weimarer Republik, die Führung der Gemeinden und Organisationen. So unterschiedlich ihre Antworten auf die brennenden »Jüdischen Gegenwartsfragen« auch ausfielen, so verband sie doch alle, Liberale wie Zionisten, neben grundsätzlichen Überzeugungen wie Liberalität und Rechtsstaatlichkeit, auch eine Idealvorstellung von wehrhafter Männlichkeit, die kaum noch etwas zu tun hatte mit dem Leitbild des »sanften Mannes« im Bürgertum des frühen 19. Jahrhunderts.

Dies spiegelt sich auch in den offiziellen Reaktionen der jüdischen Organisationen im August 1914 wider: »In dieser Stunde gilt es für uns aufs Neue zu zeigen, dass wir stammesstolzen Juden zu den besten des Vaterlandes gehören«, forderte ein Aufruf verschiedener zionistischer Verbände: »Der Adel unserer viertausendjährigen Geschichte verpflichtet. Wir erwarten, dass unsere Jugend freudigen Herzens freiwillig zu den Fahnen eilt.«[40] Dies tat sie auch: allein in den ersten Wochen wurden ca. 11.500 jüdische Freiwillige gezählt, die sich vor allem aus den Universitätsstädten wie Göttingen, Königsberg und Freiburg rekrutierten. Die allgemeine patriotische Euphorie des deutschen Bildungsbürgertums wurde jüdischerseits zusätzlich mit der Hoffnung befrachtet, dass antijüdische Ressentiments zu Kriegszeiten endgültig keinen gesellschaftlichen Raum mehr würden finden können – und diese Hoffnung schien anfangs durchaus berechtigt zu sein: Jüdische Soldaten seien »tapfer, mutig und intelligent und unsere Regierung weiß das zu schätzen«, verkündete beispielsweise der deutsche Botschafter in Washington in einem Interview mit der New Yorker Staatszeitung kurz nach Kriegsausbruch: »Die jüdische Offiziersfrage in Deutschland kann als gelöst betrachtet werden«.[41] Dass dies etwas vorschnell war, belegen zahlreiche zeitgenössische Berichte und später verfasste Erinnerungen: Sicher was das »Kriegserlebnis« für Juden wie Nichtjuden individuell höchst unterschiedlich, und heroische Gefühle, Kameradschaft, Angst und Elend lagen im Alltag nahe beieinander – was letztlich auch für den Antisemitismus galt, der sehr unterschiedlich wahrgenommen wurde. Die »Judenzählung« von 1916 aber, eine offizielle Erhebung über die Stellung der Juden im Heer, wurde allgemein als großer Schock empfunden, bedeutet sie doch, allen Beschwörungen des »Burgfriedens« zum Trotz, eine staatlich angeordnete Aussonderung derjenigen jungen Männer, die nun wieder als »Juden« markiert waren. Die Tatsache, dass die Ergebnisse nie veröffentlicht wurden, befeuerte in den antise-

40   Jüdische Rundschau, 7.8.1914.
41   Zitiert nach Berger, S. 132f.

mitisch aufgeladenen Nachkriegsjahren das Gerücht von der »jüdischen Drückebergerei«, auch wenn die jüdischen Verbände
nicht müde wurden, dem mit offiziellen Zahlen wieder und wieder zu begegnen: Von ca. 100.000 jüdischen Kriegsteilnehmern
hatten 80.000 an der Front gekämpft, 12.000 waren gefallen,
35.000 ausgezeichnet und 23.000 befördert worden, davon 2022
in den Offiziersrang. Für viele jüdische Männer sollte der Krieg,
im Guten wie im Schlechten, eine zentrale und prägende Erfahrung ihres Lebens bleiben. Hiervon zeugen zum einen die zahlreichen Fotos und Dokumente, die belegen, wie sich jüdische
Männer nach 1933 gerade auf ihre Kriegsteilnahme beriefen, um
sich gegen die Schikanen und Ausgrenzungen zur Wehr zu setzen. Auch war es sicher kein Zufall, dass der 1919 gegründete
»Reichsbund jüdischer Frontsoldaten« (RJF), der sich die »Verteidigung der jüdischen (militärischen) Ehre«, zum Ziel gesetzt hatte, schnell zur größten männlichen Organisation der deutschen
Juden wurde, der mit 30-50.000 Mitgliedern mehr als die Hälfte
der überlebenden Soldaten angehörte.

Der RJF ist das letzte Beispiel für eine Vereinsgründung, mit
der jüdische Männer auf ihren Ausschluss aus der Gesellschaft
als Juden reagieren. Jüdische Frauen dagegen schlossen sich zusammen, um eine Antwort auf ihre Ausgrenzung *als Frauen* im
Rahmen der jüdischen Gemeinschaft zu geben, oder sie traten
Frauenorganisationen bei, die eben diesen Kampf auf gesamtgesellschaftlicher Ebene führten. Für alle von ihnen galt dabei das
den weiblichen Emanzipationsbewegung im 19. und frühen 20.
Jahrhundert allgemein inhärente Paradox: Indem die Frauen zwar
langsam, aber stetig ihre Spielräume erweiterten, sie dies aber
immer in einem Rahmen taten, der per se als »naturgegebene
weibliche« Aufgabe definiert war (»Soziale Mütterlichkeit«), trugen sie indirekt zur Stabilisierung der bürgerlichen Geschlechterordnung bei, die ja gerade auf unterschiedlich definierten und
unterschiedlich bewerteten Räumen für die Geschlechter basierte.

Immerhin ist zu konstatieren, dass jüdische Frauen der Oberschicht fast zeitgleich mit ihren männlichen Glaubensgenossen
in das Licht der bürgerlichen Öffentlichkeit traten, nämlich in der

Zeit des Emanzipationsedikts und der Freiheitskriege, als sie sich den »Vaterländischen Frauenvereinen« anschlossen und in patriotischer Wohltätigkeit übten, so z.B. Rahel Levin als Krankenschwester in Prag. Die bald darauf einsetzende Restaurationsphase beendete solche öffentlichen Experimente weiblicher (und auch jüdischer) Emanzipation, stattdessen wandte man sich nach Innen und arbeitete, wie gezeigt, an der »bürgerlichen Selbstverbesserung« der Religion, des Familienlebens, der individuellen Sittlichkeit und Bildung.

Es ist daher vermutlich kein Zufall, dass die ersten jüdischen Frauen, die sich einige Jahrzehnte später wieder in die Öffentlichkeit wagten, oftmals Töchter der Reformbewegung waren, die bei berühmten Rabbinern wie Salomon oder Geiger gelernt hatten, wie die Hamburgerin Johanna Goldschmidt (1807-1884) oder die Breslauerin Lina Morgenstern (1830-1909). Meist entstammten sie liberalen Elternhäusern und waren vor allem von ihren Vätern gefördert worden, manche sollten sich später an die prägenden Jahre des politischen Aufbruchs im Vormärz und während der Revolution von 1848 erinnern. Sowohl Goldschmidt als auch Morgenstern begannen ihr öffentliches Wirken in diesen, von einem allgemeinen Fortschrittsoptimismus durchwehten Jahren: So veröffentliche Johanna Goldschmidt 1847 unter dem Titel »Rebekka und Amalia« einen fiktiven Briefwechsel zwischen einer Jüdin und einer Adligen »über Zeit- und Lebensfragen«, durch den ein Jahr später die Gründung eines »Socialen Frauenvereins zur Ausgleichung confessioneller Unterschiede« angeregt wurde. Ziel war es, durch Kennenlernen auf »Augenhöhe« die gegenseitigen Vorurteile zwischen Juden und Christen abzubauen, de facto aber nahmen von christlicher Seite vor allem Deutschkatholikinnen an diesem Experiment teil, die in Hamburg ebenfalls eine religiöse Minderheit darstellten. Interessanterweise scheint aber Religion ohnehin kaum ein Thema auf den Vereinssitzungen gewesen zu sein, stattdessen diskutierte man allgemeine »Frauenfragen« – sei es, weil diese den Frauen auf den Nägeln brannten, sei es, weil ein »religiöses« Kennenlernen als zu intim oder bedrohlich empfunden wurde. An den Frauenfragen, genauer an den Bildungsprioritäten (Kindergarten oder Hochschule) schließlich zerstritten sich die Hamburger Damen recht bald und Johanna Goldschmidt widmete sich fortan anderen interkonfessionellen sozialen Projekten. Sie, wie auch Lina Morgenstern und mit ihnen viele andere Jüdinnen ihrer Generation waren fasziniert vom Konzept der Fröbelschen Kindergärten, das die soziale Utopie der gleichberechtigten Teilhabe von Kindern aller Schichten mit der emanzipatorischen Utopie der Gleichberechtigung der Religionen verband. Auch Lina Morgenstern, die mittlerweile in Berlin lebte, blieb nicht bei Kinderbildung stehen, sondern engagierte sich ab 1866 in der Armenpflege: Als »Suppen-Lina« wurde sie über die Stadt hinaus bekannt, ihre Volksküchen, die in Notzeiten bis zu 20.000 Mahlzeiten täglich ausgeben konnten, erfreuten sich großer Beliebtheit und Morgenstern selbst, für eine Jüdin ungewöhnlich, sogar großer Wertschätzung bei Hofe.

Allerdings blieben weder Goldschmidt noch Morgenstern und zahlreiche andere bürgerliche Frauen, die sich seit der Jahrhundertwende öffentlich zu engagieren begannen, auf Kindergärten und Wohlfahrt beschränkt, zu offensichtlich war das doppelte Dilemma, dem sich junge Frauen der Mittelschicht gegenüber sahen: Kamen sie aus sozial gesicherten Verhältnissen, so erhielten sie meist eine gute Grundbildung, die jedoch weder zur Höheren Bildung führte noch in einen Beruf. Die Mädchen und Frauen des Kleinbürgertums dagegen, auf deren »Mithilfe« ihre Familien angewiesen waren, litten an prekären Verdienstmöglichkeiten. Konsequenterweise setzten sich die Organisationen und Vereine der bürgerlichen Frauenbewegung, die ab 1865 in allen deutschen Großstädten entstanden, für eine bessere Berufsausbildung von Mädchen ein sowie für den Zugang zu Höherer Bildung, um den Frauen aller Schichten ein selbständiges Auskommen bzw. die Möglichkeit einer gesellschaftlich nützlichen Tätigkeit zu ermöglichen – selbstverständlich immer nur auf jenen Gebieten, die als »weiblich« bzw. »schicklich« galten. Zwei der wichtigsten derart inspirierten Gründungen, der Berliner Letteverein »zur Förderung der Erwerbsfähigkeit des weiblichen Ge-

schlechts« und die Leipziger »Hochschule für Frauen« wurden
maßgeblich von Jüdinnen gestaltet bzw. geleitet: Die Schriftstel-
lerin Jenny Hirsch (1829-1902) arbeitete seit der Gründung 1869
jahrelang ehrenamtlich als Schriftführerin des Lettevereins, die
Rabbinergattin Henriette Goldschmidt (1828-1920) rief 1911 die
Leipziger Hochschule ins Leben, beide Frauen hatten 1865 zu den
Gründungsmitgliedern des »Allgemeinen Deutschen Frauenvereins« gehört, des ersten deutschen Frauenvereins überhaupt. Ihr
Engagement kann als durchaus repräsentativ für die bürgerliche
Frauenbewegung angesehen werden, für die man einen Anteil
von ca. einem Drittel Frauen jüdischer Herkunft errechnet hat:
von den 94 Frauenvereinen z.B., die es 1893 allein in Berlin gab,
wurden dreißig von Jüdinnen geleitet. Meist standen sie dem
gemäßigten Flügel nahe, nur wenige jüdische Frauenrechtlerinnen waren so radikal wie die Schriftstellerin und Feministin Hed-
wig Dohm (1831-1919), die lange vor dem Ersten Weltkrieg ökonomische Gleichberechtigung, gesellschaftlich organisierte
Kindererziehung und das Wahlrecht für Frauen forderte.

Solche Forderungen sollten erst in den Weimarer Jahren allgemein diskussionsfähig werden, allerdings begann eine jüngere
Generation von Frauenrechtlerinnen schon vor der Jahrhundertwende, die Professionalisierung zumindest der weiblichen Für-
sorgeaktivitäten durchzusetzen. Die Berliner »Mädchen- und
Frauengruppen für soziale Hilfsarbeit« begannen ab 1897 unter
der Leitung von Jeannette Schwerin (1852-1899) zu florieren, die
gleichzeitig auch im Vorstand des 1894 gegründeten »Bundes
deutscher Frauenvereine« (BDF) aktiv war. Nach ihrem frühen
Tod 1899 übernahm die 27jährige Alice Salomon (1872-1948) die
Leitung der Gruppen, die 1908 in die von ihr gegründete und
geleitete »Soziale Frauenschule« eingingen. Die dort ausgebildeten Frauen sollten in der Weimarer Republik maßgeblich zur
Modernisierung der kommunalen Fürsorge beitragen, die gerade
in den Großstädten der 1920er Jahre jungen, politisch meist auf
der Linken engagierten Sozialarbeiterinnen und Ärztinnen ein
kreatives Betätigungsfeld bot. Um 1900 dagegen war dies meist
noch ehrenamtlich organisiert, als solches jedoch auch damals

schon ein idealer Raum für bürgerliche Frauen, die hier zum einen als Jüdinnen in überkonfessionellen Zusammenhängen tätig werden konnten, zum anderen als Frauen über die Zulassung zum Ehrenamt auch weitere politische Rechte einforderten.

Die Hoffnung, über eine spezifisch weibliche Pflichterfüllung der Gemeinschaft gegenüber irgendwann auch staatsbürgerliche Rechte erwerben zu können, kennzeichnete nicht nur die jüdischen und weiblichen Emanzipationsbestrebungen im 19. und frühen 20. Jahrhundert, sondern auch die Diskussion um die Geschlechterhierarchie innerhalb der jüdischen Gemeinden selbst. Vielleicht ist es auf die Synergien zurückzuführen, die die traditionell religiös gefasste Pflicht zur Fürsorge im Judentum mit den bürgerlichen Vorstellungen von »Sozialer Mütterlichkeit« verband, dass Wohlfahrtsvereine von und für Jüdinnen früher entstanden als ihre nichtjüdischen Pendants und dass auch später jüdische Frauen der Mittel- und Oberschicht sich dort stärker engagierten als ihre christlichen Standesgenossinnen. Innerhalb der Gemeinden waren Wohlfahrtsvereine die Orte, an denen sich sowohl öffentliche Religiosität als auch, später, eine säkulare ethnische Loyalität demonstrieren ließen. Aus dieser Perspektive ist es kein Zufall, dass jenes Feld recht früh für Frauen attraktiv wurde, denen andere religiöse Ort verschlossen waren und trotz aller Reformbemühungen auch weitgehend blieben. Zwar finden sich die frühesten Gründungen weiblicher Vereine schon im ausgehenden 17. Jahrhundert (Prag 1692, Hamburg 1698), aber erst um die Mitte des folgenden Jahrhunderts werden Frauenvereine allerorts Teil des Gemeindelebens, meist einige Jahre nach den männlichen Pendants ins Leben gerufen. Ben Baader hat darauf hingewiesen, dass dieser Prozess letztlich mit der Veränderung männlich-religiöser Praxis einherging: Da das gemeinsame Lernen und Beten ab- und die soziale Funktion auch der Wohlfahrts-Vereine zunahm, öffneten sich diese neuen innerjüdischen Räume für Frauen, die dieses Betätigungsfeld, so scheint es, begeistert aufgriffen: Zwischen 1745 und 1870 existierten mindestens 136 Frauenvereine im deutschsprachigen Mitteleuropa. In dem Maße also, in dem das Judentum sich zu einer bürgerlichen Konfession entwickelte – und dies betraf ebenfalls die nun sogenannte »Orthodoxie« – verbreiterten sich die Partizipationsmöglichkeiten von Frauen, sie rückten von der Peripherie langsam, aber unaufhaltsam etwas mehr ins Zentrum der jüdischen Gemeinschaft. Dort wiederum agierten sie nicht nur öffentlich sichtbar, sondern weitgehend autonom, so dass auch die späteren säkularen Vereine des deutschen Judentums wie der »Centralverein deutscher Staatsbürger jüdischen Glaubens« (CV) oder die Loge *Bnei Brith* relativ schnell dazu übergingen, zur Mobilisierung ihrer potentiellen weiblichen Anhängerschaft eigene »Schwesternvereine« zu gründen – was ihnen nebenbei ermöglichte, als Männer unter sich zu bleiben.

Trotz dieser freundlich-patriarchalen Pazifizierungsversuche konnte das zum Teil massive weibliche Engagement in den lokalen Vereinen – in Königsberg beispielsweise hatten allein die wohltätigen jüdischen Frauenvereine im Jahre 1911 zusammen ca. 1400 Mitglieder, das waren ein Drittel aller Gemeindemitglieder! – nicht ohne Auswirkung bleiben. Sicher nicht zufällig im Jahr des Reichsvereinsgesetzes von 1908, das deutschen Frauen erstmals den Zugang zu politischen Vereinen und Parteien ermöglichte, forderte beispielsweise die »Vereinigung für das Liberale Judentum« nicht nur mehr Platz für Frauen in der Synagoge, sondern auch gleiche Rechte und Pflichten innerhalb der Gemeinde. Pflichten hatten weibliche Gemeindemitglieder schon vor dem Ersten Weltkrieg in zunehmendem Maße übernommen und das Leben der Wohlfahrtseinrichtungen und Vereine fleißig, still und leise im Hintergrund organisiert. Mit den Rechten sah es dagegen anders aus: Nachdem im November 1918 das freie und gleiche Wahlrecht für beide Geschlechter eingeführt worden war, sahen sich viele Gemeinden unter Druck, Frauen auch intern zu den Wahlen zuzulassen – ein Druck, dem man zunächst tapfer standhielt. Hierbei kam den preußischen Gemeinden das immer noch gültige Judenedikt von 1847 zugute, dessen angestrebte Neuregelung während der Republik nie zustande kam, wodurch auch eine flächendeckende Einführung des Frauenwahlrechts verhindert wurde. Stattdessen blieb die Regelung dieser Angelegenheit den

Gemeinden nach mehreren ministeriellen Beschlüssen selbst überlassen, so dass es auf die interne Machtverteilung ankam: In Berlin durften Frauen erstmals 1926 mitwählen, sechs Jahre später waren Frauen dann in den Repräsentantenversammlungen von 31 Großgemeinden vertreten. Die Vorstände aber blieben bis 1933 mit wenigen Ausnahmen rein männliche Arenen. Außerhalb Preußens wehrten sich gerade die kleinen süddeutschen Gemeinden lange gegen die Partizipation von Frauen, während Großstädte wie München oder Hamburg das aktive Frauenwahlrecht gleich 1919 eingeführt hatten (das passive Wahlrecht folgte in Hamburg jedoch erst 1930). Innerhalb der Gemeindegremien waren die wenigen gewählten Frauen weiterhin zuständig für die klassischen Themen Wohlfahrt& Soziales, hier und da konnten sie auch die Diskussion um »Frauenthemen« – wie die Geschlechtertrennung in liberalen Synagogen – befördern und manchmal kleine Siege feiern: 1928 beschloss die Berliner Gemeinde, dass Gemeindebeamtinnen künftig nach der Eheschließung nicht mehr zu kündigen sei. Die Neuordnung der Geschlechterverhältnisse auf lokaler Ebene (im 1922 gegründeten »Preußischen Landesverband« waren Frauen ebenfalls vertreten) brachte das innere Gefüge der Gemeinden also keineswegs ins Wanken, auch wenn die männlichen Reaktionen durchaus ambivalent waren. Meist begnügte man sich zwar damit, die besonderen »fraulichen Tugenden« positiv herauszustellen, manchmal jedoch wusste man nicht anders als mit »humorvollen Worten«, aber auch mit kaum versteckter Aggression auf die steigende weibliche Präsenz zu reagieren.[42] Dennoch lässt sich auch hier konstatieren, dass das langsame Hineinwachsen in verantwortliche Positionen im öffentlichen Raum diesen zumindest potentiell verändern konnte und vor allem Frauen in ihrem Selbstbewusstsein stärkte. So zog eine der beiden ersten weiblichen Repräsentantinnen der Berliner Gemeinde, Bertha Falkenberg (1876-1946), nach vier Jahren ein

---

[42]   Gemeindeblatt der Jüdischen Gemeinde Berlin 17, 1927, S. 196, zitiert nach: Claudia Prestel, Frauenpolitik oder Parteipolitik? Jüdische Frauen in innerjüdischer Politik in der Weimarer Republik, in: Archiv für Sozialgeschichte 37, 1997, S. 121-155, S. 130; Königsberger Jüdisches Gemeindeblatt 3, 1926, Nr. 2.

kritisches Resümee der Arbeit dieses männlich dominierten Gremiums: »Statt der erwarteten knappen sachlichen Beratung mussten sie (die Frauen) erleben, dass in der Versammlung Reden (...) zum Fenster hinaus und für die Tribüne an der Tagesordnung waren... Sie haben es (...) abgelehnt, sich an solchen Redeturnieren vor der Öffentlichkeit zu beteiligen. Nur für die Galerie das zu wiederholen, was sie schon in den Ausschuss-Sitzungen vorgebracht hatten, erschien ihnen sinnlos und zeitraubend.«[43]

Vermutlich ist es kein Zufall, dass diese selbstbewusst-pragmatischen Worte von einer Frau stammten, die sich schon länger im öffentlichen jüdischen Leben an prominenter Stelle engagierte: Bertha Falkenberg stand seit 1924 der Berliner Ortsgruppe des »Jüdischen Frauenbundes« (JFB) vor und eines ihrer Tätigkeitsfelder waren Rhetorikkurse für Frauen, um diese zu befähigen, eben jenen männlichen Selbstdarstellern im öffentlichen Raum wirkungsvoll entgegenzutreten. Eine größere Präsenz von Frauen in den Gemeinden war eine der wichtigsten Forderungen des zwanzig Jahre zuvor gegründeten JFB, der vermutlich ohne die charismatische Persönlichkeit seiner langjährigen Leiterin Bertha Pappenheim (1859-1936) nicht oder zumindest nicht in dieser überaus erfolgreichen Art und Weise das jüdische Leben im ersten Drittel des 20. Jahrhunderts bereichern sollte. Angeregt durch die bürgerliche Frauenbewegung, aber auch durch die identitätspolitischen Diskussionen im deutschen Judentum hatte Pappenheim schon länger auf eine weiblich-jüdische Organisation jenseits der Wohlfahrtsverbände hingearbeitet, obgleich es gerade soziale Anliegen waren, die in den nächsten Jahren im Zentrum der Arbeit des JFB stehen sollten: Mit großem persönlichen Engagement widmete sie sich von Anfang an dem Kampf gegen den Mädchenhandel, in dessen Fänge in jenen Jahren unzählige junge Frauen gerade aus Osteuropa gerieten, die dem Elend ihrer Heimat entfliehen wollten. In eine ähnliche Richtung zielte die Einrichtung von Clubs, Kindergärten und Ausbildungsstätten für

---

[43]   Bertha Falkenberg, Die Frau in der Gemeinde, in: Jüdisch-liberale Zeitung, 19.11.1930, zitiert nach Prestel, Frauenpolitik, S. 136.

gefährdete Mädchen, die dort zu sittlichem Verhalten und einer geregelten Erwerbstätigkeit angehalten werden sollten. Das 1907 gegründete Mädchenwohnheim in Neu-Isenburg vereinte diese Ansprüche und Möglichkeiten an einem Ort und wurde zum Aushängeschild des JFB.

Die durch und durch bürgerlichen Mitglieder des JFB unterschieden dabei sehr klassenbewusst, welches Leben für ihre eigenen Töchter und welches für die der jüdischen Unterschicht angestrebt wurde: Erstere unterrichtete man in Kursen des JFB in »moderner Haushaltsführung« und Kindererziehung, während aus letzteren fromme Dienstmädchen geformt werden sollten. Während die religiöse Observanz alle Einrichtungen des JFB kennzeichnete, blieb man politisch neutral, was es liberalen, zionistischen und indifferenten Frauen gleichermaßen ermöglichte, sich als Jüdinnen für die Anliegen von Frauen zu engagieren. Dass dies auf größtes Interesse stieß, belegen die rasch steigenden Mitgliedszahlen des JFB, in dem sich vor dem Ersten Weltkrieg schon 35.000 Frauen engagierten oder zumindest ihre Beiträge zahlten. Obgleich einer der größten Vereine des deutschen Judentums, sah sich der JFB doch immer wieder genötigt zu betonen, dass sein Konzept der »geistigen Mütterlichkeit« und seine ganz konkrete Arbeit schließlich auch der Stärkung der jüdischen Gemeinschaft als Ganzes zu Gute kommen würde. Umgekehrt polemisierte man gegen jene Frauenrechtlerinnen, die sich lieber in den allgemeinen Frauenverbänden verorteten: »Wir sind nicht nur Frauen, wir sind jüdische Frauen«, schrieb beispielsweise die Sozialdemokratin Henriette Fürth (1861-1938): »Und solange das Beiwort noch eine herabsetzende Unterscheidung umschließt, so lange dürfen wir nicht lassen vom Kampf«.[44]

Fürth und mit ihr die anderen Frauen im JFB wussten, wovon sie sprachen. Zwar war der JFB dem überkonfessionellen »Bund Deutscher Frauenvereine« (BDF) schon 1907 beigetreten und wurde dort von Pappenheim im Vorstand vertreten, aber spätestens während des Krieges brachen, aller patriotischen Mitarbeit

---

der Jüdinnen am »Nationalen Frauendienst« zum Trotz, antisemitisch grundierte Konflikte immer häufiger auf. Als schließlich
die langjährige designierte Nachfolgerin Gertrud Bäumers (1873-
1954), Alice Salomon im Jahre 1919 nicht zur Vorsitzenden des
BDF gewählt wurde, weil sie Jüdin (gewesen) war, sahen sich
viele ihrer ehemaligen Glaubensgenossinnen genötigt, sich aus
der allgemeinen Arbeit zurückzuziehen und fortan ganz auf die
jüdische Gemeinschaft zu konzentrieren.

Der JFB blieb auch während der Weimarer Republik mit über
50.000 Mitgliedern, das waren ein Viertel aller in Frage kommen-
den Frauen, einer der größten jüdischen Vereine in Deutschland.
Dies zeigt, dass es weiterhin ein großes Bedürfnis nach dem gab,
was die englischsprachige Forschung treffend mit »associational
judaism« umschrieben hat. Allerdings scheinen sich auch hier die
Themenfelder langsam zu verschieben: die Wohlfahrtspflege,
selbst in ihrer modernen Variante als »Sozialarbeit«, war für eine
jüngere, gut ausgebildete und berufstätige Generation von Frauen
weniger attraktiv, was das Engagement für die jüdische Gemeinschaft betraf. Stattdessen wollten viele lieber gleich an den großen
Selbstverortungsdebatten des deutschen Judentums partizipieren, die sich in den 20er Jahren vor allem im CV und in der »Zionistischen Vereinigung« zentrierten. Dabei ließen sich die jungen Frauen im CV, wie z.B. Eva Jungmann (1897-1998) und
Margarete Edelheim (1891-1975), nicht mehr mit der Organisation
von Kaffeekränzchen abspeisen, sondern beteiligten sich aktiv an
der programmatischen Ausrichtung des CV, d.h. sie rückten auch
hier, sehr langsam zwar, aber doch stetig, etwas mehr ins Zentrum der politischen Arbeit.

Ambivalenter war dieser Prozess dagegen bei den deutschen
Zionisten. Als national-revolutionäre Bewegung hatten sie sich
einerseits eine Neudefinition der Geschlechterbeziehungen wie
selbstverständlich mit auf die Fahnen geschrieben, andererseits
war der deutsche Zionismus ein durch und durch männliches
Projekt, und *last but not least* waren seine Protagonisten zutiefst
bürgerliche Männer, die im Grunde an der von ihnen ge- und
erlebten Rollenverteilung nichts auszusetzen hatten.

Dies erklärt das auf den ersten Blick seltsam anmutende Paradox, dass der Zionismus die erste Nationalbewegung war, die Frauen, auf ihrem Zweiten Kongress 1898 in Basel, das aktive und passive Wahlrecht zugestand, ohne dass sich dies in einer irgendwie bemerkenswerten weiblichen Teilhabe am politischen Leben der Organisation niederschlug. Nicht zuletzt dieser offensichtliche Widerspruch führte dazu, dass sich die zionistischen Frauen sehr früh zu eigenen Gruppen zusammenschlossen. Vorreiter dieser Entwicklung war nicht zufällig Wien, wo viele junge Frauen aus dem Russischen Reich lebten, die ein völlig anderes Emanzipationsverständnis mitgebracht hatten als die Töchter aus gutbürgerlichem deutsch-jüdischem Hause. So konnten sich in Österreich schon 1898/99 die zionistischen Frauengruppen auf Landesebene zusammenschließen, während sich die erste »Jüdisch-Nationale Frauenvereinigung« im Deutschen Reich ein Jahr später gründete, ihr folgte 1907 der »Verband jüdischer Frauen für Kulturarbeit in Palästina«. Nachdem die vor allem auf lokaler Ebene aktiven Frauen während des Krieges das zionistische Leben in Abwesenheit der Männer aufrecht erhalten hatten und auch dies sich nach 1918 nicht in einer größeren politischen Präsenz niedergeschlagen sollte, schlossen sich die unterschiedlichen Frauenvereine zur Bündelung der weiblichen Kräfte 1923 zum »Bund Zionistischer Frauen« zusammen. In ihrer konkreten Arbeit unterschieden sich die Bereiche kaum von denen anderer bürgerlicher Frauengruppen: Erziehung und Ausbildung, Sozialarbeit und Spendensammeln, wobei die Zielgruppe meist junge Mädchen und Frauen in Palästina waren. Langfristig sollten diese Aktivitäten von großer Bedeutung für die Stabilisierung des *Yishuv* sein, zeitgenössisch jedoch wurden sie kaum gewürdigt.

Stattdessen betonten die patriarchal geprägten Zionisten der ersten und zweiten Generation, wenn sie sich überhaupt mit »Frauenfragen« beschäftigten, die Rolle der Frau bei der Etablierung und Aufrechterhaltung »echt jüdischer« Familienstrukturen, der Betonung ihres »jüdischen Gefühls«, mit dem sie Kinder und Bewegung beglücken würden – kurzum, der nationalistische Diskurs verfestigte auch hier polare Geschlechterrollen und Frauen blieb bei gleichzeitiger ideeller Aufwertung der »geistigen Mutterschaft« nennenswerter politischer Einfluss verwehrt.

Vor dem Hintergrund der massiven antisemitischen Attacken gerade auf jüdische Männer *als Männer* lässt sich der Zionismus auch als großes Remaskulinisierungsprojekt verstehen, das seinen expliziten Anfang nahm mit Max Nordaus (1849-1923) berühmter Rede auf dem Zweiten Zionisten-Kongress, in der er »tiefbrüstige, strammgliedrige, kühnblickende Männer«[45] forderte. Mit ihrer eugenisch inspirierten Kritik an der degenerierenden Moderne nun standen die zionistischen Ideologen keineswegs allein da, sondern waren Teil der großen Reformbewegung um 1900, die jüdischerseits nur insofern einen besonderen Akzent bekam, als dass man sich bemühte, gerade die antisemitischen Anwürfe aktiv zu kontern: Plattfüße, schleppender Gang, gestikulierendes Reden – all diese als unmännlich geltenden Attribute sollten verschwinden und der männlich-jüdische Körper durch Disziplin und Wille zum Ideal militärisch geprägter Männlichkeit umgeformt werden. Der als defizitär wahrgenommene Körper sollte, wie in anderen Nationalbewegungen auch, durch Turnen zu Nationalstolz und Stärke kommen – und somit war es die Turnbewegung, die den neuen jüdischen Mann in der Praxis zu erschaffen hatte: Turnen und das studentische Fechten bildeten den Kern der nationaljüdischen Vergemeinschaftungsversuche junger Männer um 1900. In einer Bewegung, die es sich explizit zum Ziel setzte, »Verweiblichung« zu bekämpfen, haben Frauen naturgemäß einen schweren Stand: Würden sie dasselbe tun wie Männer, hätte das unweigerlich ihre Vermännlichung zur Folge, was wiederum ihre wichtigste Rolle innerhalb der Nation, die der Mutter, gefährden könnte. Auch im Zionismus ließ sich folglich die turnerische Bewegung weiblicher Körper nur denken als ästhetische Bereicherung und/oder gesundheitliche Verbesserung – und ihr Auftritt gerade in der Öffentlichkeit und bei Wettkämpfen war dementsprechend lange umstritten. Dennoch versuchten

---

45   Zitiert nach Daniel Wildmann, Der veränderbare Körper. Jüdische Turner, Männlichkeit und das Wiedergewinnen von Geschichte um 1900, Tübingen 2009, S. 228.

Frauen auch hier, langsam die Grenzen zu verschieben und sich neue Räume zu erkämpfen: immerhin waren bald mehr als ein Drittel der nationaljüdischen Turnerschaft weiblich. Hier, so scheint es, diente ihre Präsenz nicht zuletzt als Vehikel, um öffentlich auf ihre Bedeutung für die zionistische Bewegung als Ganzes hinzuweisen.

Doch egal, ob man nun für die Schönheit und den Beckenboden turnte oder für das Judentum und gegen den Antisemitismus – unklar ist, wie viele Turner beiderlei Geschlechts dies tatsächlich immer so begeistert taten, wie es die offiziellen Verlautbarungen ihrer Vereine suggerierten. Der Kaufmann Aron Liebeck (1886-1928) zumindest ging in den Turnverein, um geschäftliche Kontakte zu knüpfen und genoss nebenbei die egalitäre Stimmung, da Klassenschranken dort eine geringere Rolle spielten als andernorts. Vor dem Ersten Weltkrieg schlossen sich weniger als 10.000 Männer und Frauen den nationaljüdischen Turnvereinen an, die große Mehrheit der deutschen Juden aber trieb Sport nicht aus politisch-identitären, sondern aus sportlichen Gründen, verblieb also in den allgemeinen Vereinen oder gründete, sollte es dort zu antisemitisch zugehen, vor allem in den 20er Jahren eigene jüdische Vereine ohne zionistischen Anspruch.

Ähnlich wie Turnen und Sport war auch die deutsche Jugendbewegung von Anfang an ein männliches, ja männerbündlerisches Projekt der Reformbewegungen um 1900 gewesen, in dem Mädchen zwar präsent, ihre Anwesenheit jedoch nicht unumstritten war. Dies galt ebenso für die jüdische Jugendbewegung, die, durch antisemitische Ausgrenzungen motiviert, kurz vor dem Ersten Weltkrieg entstand und die Ideale der allgemeinen Jugendbewegung *grosso modo* teilte: Man versuchte, der als künstlich und leer empfundenen bürgerlichen Lebenswelt der Eltern das »echte Gemeinschaftserlebnis« in der Gruppe und in der Natur entgegenzusetzen, Wanderungen und Heimabende bestimmten den Alltag der Gruppen, die sich schnell, entlang der Linien der »Erwachsenenpolitik«, in zionistisch, orthodox und liberal auffächerten, mit den entsprechenden Folgen für das Geschlechterverhältnis in den jeweiligen Gruppen: Während bei den orthodoxen Bünden die

Rolle der Mädchen religiös festgeschrieben war, forderten die jugendlichen Zionisten im »Blau-Weiss« »einen strammen Jungens-
typ militärischer Haltung und einen sportlichen Mädchentyp«.[46]
In dem Maße, in dem sich der Bund nach dem Weltkrieg zu einem
radikalen Männerbund entwickelte, wurden die Mädchen aus der
Leitungsebene ausgeschlossen und der Jugendzionismus existierte in Deutschland fortan in geschlechtergetrennten Gruppen. In
den nichtzionistischen Bünden der »Kameraden« dagegen wurde
nicht nur über die eigene identitätspolitische Position, sondern
auch über die sogenannte »Mädelfrage« laufend diskutiert. Dabei
gab es z.T. völlig konträre Ansichten und Praktiken, die vom klassischen Männerbund bis hin zu weitgehend egalitären Gruppen
reichten. Weibliche Gruppenmitglieder waren an diesen Debatten
laut vernehmbar beteiligt und obgleich traditionelle Geschlechterbilder nur selten in Frage gestellt wurden, führte die weibliche
Forderung nach Partizipation an der jugendbewegten Lebenswei-
se zu einem permanenten geschlechterpolitischen Definitions-
und Selbstverortungsprozess innerhalb der »Kameraden«, die
anfangs eher in Richtung Koedukation, später zunehmend zu getrennten Gruppen tendierten: Im Jahre 1928 existierten fünfzehn
gemischte, 49 Mädchengruppen und 96 Jungengruppen. Damit
war man nach jugendbewegt-revolutionärem Aufbruch auch bei
den »Kameraden« im Grunde fast wieder bei den traditionellen
Geschlechterbildern der Elterngeneration angekommen. Dennoch, durch das Einüben egalitärer Praktiken unter- und miteinander und durch das Bestehen auf eigenen Räumen verhalf das
Engagement in der Jugendbewegung den Mädchen und jungen
Frauen in allen Bünden zu einem größeren Selbstbewusstsein: als
Jüdinnen und als Frauen in einer wie auch immer im Einzelnen
definierten Öffentlichkeit.

  Gleichzeitig schuf ihr Aufbruch neue Uneindeutigkeiten in Bezug auf weibliche und männliche Rollenerwartungen, und sei es
auch nur individuell, was aber wiederum Potenzial barg für eine

---

46   Rudolf Stahl, Probleme jüdischer Jugendbewegung, in: Der Morgen, Juni 31,
      S. 136-148, S. 143.

langsame Korrosion dieser einstmals so klar gezogenen Grenzen. Die um 1900 neu entbrannte »Geschlechterdebatte« der bürgerlichen Gesellschaft, die sich bis in die Diskussionen um die »Neue Frau« der Weimarer Republik zog, spiegelt diesen Korrosionsprozess, der von beiden Geschlechtern als befreiend und modern, aber auch als bedrohlich empfunden werden konnte. Da es jedoch vor allem Männer waren, die sich qua Amt oder Ausbildung – als Ärzte, Rabbiner, Journalisten – öffentlich äußern konnten, verwundert es kaum, dass im veröffentlichten Diskurs innerhalb der jüdischen Gemeinschaft das Bedrohliche überwiegen sollte.

Der Erste Weltkrieg, darin waren sich alle Beobachter einig, hatte auf vielfältige Weise Entwicklungen beschleunigt, die sich schon in den Jahren zuvor angedeutet hatten. Im Zentrum dieser negativen Entwicklungen stand die Frau, in diesem Fall vor allem die »Neue Frau«, die durch ihre Erwerbstätigkeit angeblich die jüdische Familie aufs Spiel setzte. Verbesserte Ausbildungsmöglichkeiten, aber auch die blanke Notwendigkeit aufgrund der nach dem Krieg einsetzenden Verarmung hatten dazu geführt, dass 1925 ein Drittel der 15-65jährigen Jüdinnen erwerbstätig waren – damit hatte man sich der Mehrheitsbevölkerung angenähert, innerhalb des Bürgertums vermutlich mindestens gleichgezogen. Weibliche Berufstätigkeit aber führte, so wurde räsoniert, nicht nur zu »freier Liebe«, Geschlechtskrankheiten und unehelichen Kindern, sondern zerstörte im Falle einer, meist späten, Familiengründung auch deren Glück von »innen«, da die Rollen im »Doppelverdienertum« nicht mehr klar verteilt seien und viele akademisch gebildete, erwerbstätige Frauen kinderlos blieben. All dies hatte sich verschärft durch den Tod vieler Väter bzw. potentieller Väter im Krieg, so dass die jüdische Jugend in ganz besonderem Maße von Verwahrlosung, Delinquenz und Suchtkrankheiten aller Art bedroht sei.

Das farbenprächtige Ausmalen solcher Untergangsszenarien war nun wiederum keineswegs eine jüdische Spezialität, sondern Teil des allgemeinen Krisendiskurses nach dem Krieg und, verstärkt, während der Wirtschaftskrise ab 1929. Aber für die jüdische Minderheit mussten diese, z.T. statistisch belegbaren »Verfalls«-

Erscheinungen besonders prekär wirken, hatte man doch seit der Aufklärung gerade die Familie ins Zentrum jüdischen Lebens gerückt, als dessen Kern und Besonderheit, als »marker of Jewish difference and Jewish uniqueness« (Gillerman) ideologisch überhöht – und vermutlich überfordert. Das Vertrauen in die jüdische Familie als ethnische Reproduktionsstätte und als emotional-moralischer Rückhalt war zu Beginn der dreißiger Jahre ins Wanken geraten, zu einem Zeitpunkt also, als durch die ökonomische Krise und einen sich radikalisierenden Antisemitismus die jüdische Gemeinschaft tatsächlich stärker gefährdet war als je zuvor in den vergangenen hundertfünfzig Jahren.

Männer ohne Macht, Frauen ohne Unterstützung: Verfolgte Gemeinschaft im Nationalsozialismus[47]

Mit der Machtübergabe an die NSDAP am 30. Januar 1933 wurde Antisemitismus zu staatlicher Politik und die Emanzipation der letzten hundertfünfzig Jahre schrittweise, aber in atemberaubendem Tempo wieder rückgängig gemacht. Obgleich die nationalsozialistische Verfolgung sich letztlich gegen Juden als Juden richtete, ungeachtet ihres Geschlechts, waren die Konsequenzen der einzelnen Maßnahmen unterschiedlich für jüdische Männer und Frauen. Letztere hatten zudem zusätzlich unter der allgemeinen antifeministischen Politik des neuen Regimes zu leiden. Geschlechtsspezifische Familienrollen und -ideale, männliche und weibliche Handlungsräume und -möglichkeiten, alles geriet durch die antisemitischen staatlichen Maßnahmen *und* die gleichzeitig sich vollziehende, umfassende soziale Ausgrenzung massiv unter Druck. Während manche Gesetze sofort sichtbare Einschnitte in die berufliche und private Lebensplanung bedeuteten, waren andere Veränderungen eher subkutan, nicht sofort wahrnehmbar und konnten, wenn überhaupt, erst im Nachhinein reflektiert werden.

Hinzu kam – und dies kann man nicht oft genug betonen – dass die Veränderungen des Jahres 1933 zunächst von den meisten Juden, und auch von vielen Nichtjuden, als Fortsetzung einer langjährigen Krise interpretiert wurden, deren Dauer zwar nicht absehbar, aber auf jeden Fall begrenzt schien. Die fundamental neue und letztlich tödliche Dimension des NS-Staates war weder zu diesem Zeitpunkt noch in den folgenden Jahren wirklich fassbar, so dass individuelle wie kollektive Reaktionen auf die ab 1933 einsetzenden Verfolgungsmaßnahmen sich letztlich immer auf

---

[47] Der Titel geht zurück auf Raul Hilberg, Täter, Opfer, Zuschauer. Die Vernichtung der Juden 1933-1945, Frankfurt a.M. 1992, S. 145.

den eigenen historischen Erfahrungsschatz und auf die daraus abgeleitete Einschätzung möglicher Zukunftsoptionen bezogen. Lediglich jene Männer und Frauen, deren politischer Horizont durch in die Zukunft projektierte Gesellschaftsutopien geprägt war, fanden relativ rasch eine zumindest theoretische Antwort auf die Kriegserklärung der neuen deutschen Regierung.

Für die jüdischen wie nichtjüdischen Anhänger der linken Parteien und Gewerkschaften, der KPD, der SPD und der zahlreichen Splittergruppen, war die Situation eindeutig: Die Ernennung Hitlers zum Reichskanzler galt ihnen lediglich als ein weiterer Versuch in einer Kette autoritärer Regime, mittels derer die herrschende Klasse versuchte, das revolutionäre Potenzial der Arbeiterbewegung in der Wirtschaftskrise zu bändigen. Als selbsterklärte und klar zu identifizierende Gegner der NSDAP richtete sich die erste große Verfolgungswelle gegen prominente und weniger prominenente Vertreter dieser Parteien, die, vor allem nach dem Reichstagsbrand vom 27. Februar 1933, zu Tausenden verhaftet und gefoltert wurden; bis heute ist die genaue Zahl der Toten nicht bekannt, sie geht in die Hunderte. War man nicht nur reichsweit oder lokal als Linke(r) bekannt, sondern auch noch jüdischer Herkunft, dann traf es einen meist doppelt hart. So entlud sich der politische und rassistische Hass in den ersten Wochen und Monaten gegen jüdische Politiker und Intellektuelle, wie Erich Mühsam (1878-1934) oder Ernst Heilmann (1881-1940), aber auch gegen zahllose unbekannte Kommunisten und Sozialdemokraten. In Nürnberg beispielsweise wurde Mitte April der junge Kommunist Karl Lehrburger (1904-1933) verhaftet und wenige Wochen später im KZ Dachau erschossen, der in der jüdischen Jugendbewegung sozialisiert worden war. Derartig massive Gewalt bis hin zum Mord richtete sich in dieser Phase zwar vorwiegend gegen Männer, allerdings waren auch einige politisch aktive Frauen, die ihre Parteien in den Stadtparlamenten, Landtagen oder im Reichstag vertreten hatten, unter den ersten Opfern des neuen Regimes. Meist jedoch gerieten Frauen, jüdische wie nichtjüdische, eher als Verwandte, Ehefrauen oder Töchter von politisch Verfolgten ins Visier der neuen Machthaber, die diese als Geiseln benutzten, um Geständnisse von Häftlingen zu erpressen. Aktive politische Widerstandshandlungen von nicht parteigebundenen Frauen und Männern waren in den ersten Jahren der NS-Herrschaft eher selten: Das Ehepaar Max (1905-1978) und Margot Fürst (1912-2003) z.B. versuchte, die internationale Öffentlichkeit auf das Schicksal ihrer in den Lagern misshandelten Freunde aufmerksam zu machen und scheiterte dann bei dem Versuch, den schwer gefolterten Rechtsanwalt Hans Litten (1903-1938) aus dem KZ Brandenburg zu befreien. Ungewöhnlich war auch, dass in diesem Fall die Frau die höhere Haftstrafe erhielt. Nach der Entlassung verließen sie Deutschland so schnell wie möglich, was im Übrigen für die meisten der in den ersten Jahren für einige Zeit inhaftierten jüdischen Frauen und Männer galt, die sich dann oft in ihren Exilländern weiter politisch engagierten.

Im Lande selbst stellten bis 1939 die Männer die große Mehrheit der Insassen von Lagern und Gefängnissen, die in diesen Jahren eine hohe Fluktuation aufwiesen: Man schätzt die Zahl der Schutzhäftlinge bis Kriegsbeginn auf ca. 40-50.000, von denen ca. fünfzehn Prozent weiblich waren. Die meisten von ihnen waren als Kriminelle, »Asoziale« oder Zeuginnen Jehovas inhaftiert, aus politischen Gründen kamen zwischen 1933 und 1939 ca. 1500 – 2000 Frauen in Haft, von denen vermutlich weniger als ein Viertel jüdischer Herkunft war. Die Tatsache, dass fast alle Frauen in traditionellen Vollzugsanstalten einsaßen und nicht in den unter SA- bzw. SS-Aufsicht stehenden Lagern, war ein nicht zu unterschätzender Vorteil, da die institutionelle Routine des oftmals noch aus der Zeit der Republik stammenden Wachpersonals sich deutlich vom Alltag aus Willkür und Gewalt unterschied, denen die Männer in den Konzentrationslagern ausgesetzt waren. Dies galt im Übrigen auch für das erste Frauenlager des NS-Regimes, das im Sommer 1933 in einem ehemaligen Arbeitshaus im niedersächsischen Moringen eingerichtet wurde und bis März 1938 als solches in Betrieb war. Die wenigen Jüdinnen, die hier einsaßen, wurden eher besser als schlechter behandelt, zumal wenn es sich um bürgerliche Frauen handelte, die z.B. als Remigrantinnen (zur Überprüfung ihrer »Auslandsaktivitäten«) für einige Monate festgehalten wurden. Aber auch das Klima in den reinen Frauenlagern – nach der Schließung von Moringen übernahm die Lichtenburg in Sachsen diese Funktion – änderte sich in dem Maße, in dem die Verfolgung politischer Gegner erweitert und überformt wurde hin zu einer (sozial-)rassistischen Umgestaltung der deutschen Gesellschaft unter Führung der SS. Die großen Konzentrationslager auf deutschem Boden – Dachau, Sachsenhausen und Buchenwald – wurden zu zentralen Instrumentarien dieser Politik, die nun auch Frauen gleichermaßen gnadenlos ins Visier nahm und im Mai 1939 in Ravensbrück ein entsprechend dimensioniertes Lager für weibliche Häftlinge errichtete.

Wenn Juden als Juden – und nicht als politische oder »soziale« Gegner des neuen Staates – verfolgt wurden, so geschah dies bis zum Novemberpogrom vorwiegend außerhalb der Konzentrationslager und Gefängnisse. Schon in den ersten Wochen kam es überall im Land auch zu Überfällen auf jüdische Einrichtungen wie Synagogen oder Friedhöfe, Geschäfte jüdischer Inhaber oder auf bekannte jüdische Persönlichkeiten. Oftmals wurden dabei in den ersten ungezügelten Wochen des neuen Regimes alte Rechnungen beglichen, wie etwa beim Mord an einem jüdischen Kinobesitzer in Königsberg Mitte März 1933. Es waren die Männer, die in den ersten Jahren Opfer dieser antijüdischen Straßengewalt wurden, aber die Angst und der Schrecken, den diese Taten verbreiteten, und das Gefühl der Recht- und Schutzlosigkeit betraf beide Geschlechter gleichermaßen.

Dies gilt einmal mehr für den Boykott am 1. April 1933, der in der jüdischen Erinnerung meist als Beginn der nationalsozialistischen Verfolgung haften geblieben ist, war es doch die erste Maßnahme, die ausschließlich gegen jüdische Deutsche gerichtet war. Die Erfahrung der öffentlichen Markierung als Juden, des Ausgeliefertseins machte auf Männer wie Frauen einen tiefen Eindruck, wobei sich allerdings Erfahrungen von nichtjüdischer Solidarität und Bosheit durchaus die Waage hielten. Auch Berichte von mutiger Gegenwehr sind von beiden Geschlechtern überliefert: Männer hefteten sich das Eiserne Kreuz an die Brust und stellten sich

vor ihre Geschäfte, Frauen präsentierten sich als Kriegerwitwen
oder traten den SA-Männern selbstbewusst und wortgewandt entgegen. Von der danach einsetzenden wirtschaftlichen Verdrängung und vor allem von den Berufs- bzw. Ausbildungsverboten
gegen Ärzte, Rechtsanwälte, Professoren, Studierende und Künstler waren jüdische Männer und Frauen allerdings in völlig unter-
schiedlichem Maße betroffen und dementsprechend unterschiedlich gestalteten sich auch die jeweiligen Reaktionen.

Durch das »Gesetz zur Wiederherstellung des Berufsbeamten-
tums« vom 7. April 1933 und die nachfolgenden Gesetze, die für
weitere akademische Berufe einen »Arierparagraphen« einführ-
ten, verloren alle jüdischen Frauen ihre Anstellung – und damit
eine ganze Generation von jungen, glänzend ausgebildeten Frau-
en. Besonders bemerkbar machte sich dies in der Medizin: Dreizehn Prozent aller Ärztinnen galten nach den neuen rassistischen
Kriterien als »jüdisch«, viele von ihnen waren in der kommunalen
Gesundheitsfürsorge beschäftigt, so dass diese in manchen Großstädten im Sommer 1933 völlig neu organisiert werden musste.

Ihre männlichen Kollegen waren dagegen vielfach noch durch
die sogenannte Frontkämpferklausel geschützt, durch die beispielsweise die Hälfte der Richter und Staatsanwälte sowie zwei
Drittel der Ärzte zunächst ihren Beruf weiter ausüben konnten.

Der weitaus größte Teil der jüdischen Erwerbstätigen war jedoch nicht in den freien akademischen Berufen, sondern im
Handelssektor tätig. Obgleich es hier in den ersten Jahren der
nationalsozialistischen Herrschaft keine flächendeckenden antijüdischen Gesetze gab, litten die zahlreichen jüdischen Klein-
händler und Kaufleute unter der allgemeinen Boykottpropaganda
und unter zahlreichen lokalen Schikanen und Verboten, was eine
schleichende Verdrängung der jüdischen Handelsbetriebe zufolge hatte. Von 50.000 Kleinbetrieben jüdischer Inhaber, die 1932
bestanden hatten, existierten im Juli 1938 noch 9.000. Diese Zahlen sagen nicht nur etwas aus über das Schicksal des jüdischen
Kaufmanns oder der jüdischen Händlerin, sondern auch über die
Situation ihrer Angestellten: Schon in der Wirtschaftskrise vor
1933 waren ein Drittel der ca. 100.000 jüdischen Angestellten

arbeitslos geworden. Nach 1933 hatten sie und die nun neu Entlassenen nur mehr eine Chance auf dem schwindenden jüdischen Arbeitsmarkt.

All dies betraf jüdische Männer *und* Frauen – aber in der Not waren es meist die Frauen, die zuerst entlassen wurden, die zurücktreten mussten, um einem Familienvater ein Auskommen zu ermöglichen, die den eigenen Beruf aufgaben, um im väterlichen Geschäft auszuhelfen, als man sich die Verkäuferin nicht mehr leisten konnte. Insofern zerstörte das NS-Regime gleich zu Beginn zahlreiche weibliche Erwerbsbiographien und akademische Karrieren – wenige Jahre, nachdem sich die ersten gut ausgebildeten Frauen diese öffentlichen Räume zu erobern begonnen hatten. Mindestens ebenso schwierig war die Situation für diejenigen, die Anfang der dreißiger Jahre gerade begannen, ihren Lebensweg zu planen und gar nicht erst die Möglichkeit bekamen, beispielsweise ein Studium zu beginnen: Im Dezember 1934 waren in ganz Deutschland noch 223 jüdische Studentinnen eingeschrieben, genau drei davon waren Erstsemester. Wurde der Vater arbeitslos, so durfte vielleicht noch der Sohn weiterstudieren, die Tochter aber musste zu Hause bleiben – bei solchen Entscheidungen spielten traditionelle innerfamiliäre Rollenerwartungen und die frauenfeindliche Politik des neuen Regimes, das einen *numerus clausus* für Studentinnen ankündigte (aber nie einführte), gleichermaßen eine Rolle.

Paradoxerweise führte der wirtschaftliche Existenzkampf der jüdischen Minderheit gleichzeitig dazu, dass die Erwartungen an die weiblichen Familienmitglieder stiegen, waren doch viele Familien nun plötzlich auf das Dazuverdienen der Ehefrauen und Töchter angewiesen. In den traditionell weiblichen Pflege- und Fürsorgeberufen, aber auch im schlecht bezahlten Dienstleistungsbereich, als Hausmädchen oder Zugehfrauen, als Schneiderinnen und Näherinnen in Heimarbeit besaßen gerade jüngere Frauen Mitte der dreißiger Jahre bessere Chancen als ihre männlichen Altersgenossen, sich irgendwie noch ein Auskommen in Deutschland zu verdienen. Im Jahre 1936 konnten in Berlin mehr als doppelt so viele jüdische Frauen wie Männer in Tätigkeiten im

Handel vermittelt werden, ein Jahr später fanden sich im »Israelitischen Familienblatt« dreimal mehr Stellenangebote für Frauen. Dass diese Arbeiten auch deutlich schlechter bezahlt waren, lässt sich nicht belegen, aber vermuten. Auch fehlen eindeutige Angaben über die geschlechtsspezifische Verteilung der Armut, die sich nun in den jüdischen Gemeinden auszubreiten begann. Schon im ersten Sammeljahr 1935/36 nahm ein Fünftel der jüdischen Bevölkerung die Leistungen der »Jüdischen Winterhilfe« in Anspruch, kurz vor Kriegsbeginn waren nur noch knapp fünfzehn Prozent der jüdischen Erwachsenen erwerbstätig, mehr als zwei Drittel fielen in die Kategorie der »Berufslosen Selbstständigen«, wohinter sich die wenigen Vermögenden, aber vor allem die zahlreichen vom ehemaligen Vermögen zehrenden Männer und Frauen verbargen.

Nach dem Boykott vom 1. April 1933 gilt der Erlass der Nürnberger Gesetze im September 1935 gemeinhin als nächster folgenreicher Einschnitt in der Verfolgungsgeschichte, der jedoch von den Zeitgenossen ganz unterschiedlich bewertet wurde: Während die einen vom Ende des Emanzipationszeitalters sprachen und darin einen historischen Rückschritt in die vormoderne Ausgrenzungspolitik sahen, begrüßten die anderen die Rechtssicherheit auf niedrigem Niveau, die damit, nach zwei Jahren staatlicher und vor allem lokaler Willkür, endlich geschaffen schien. Das Reichsbürgergesetz erklärte Juden zu bloßen Staatsangehörigen und nahm ihnen die politischen Rechte – ein juristischer Schachzug, mit dem später alle weiteren Verfolgungsmaßnahmen bis hin zur Deportation begründet werden sollten. Das sogenannte »Blutschutzgesetz« verbot nichtjüdische Hausangestellte, die jünger als 45 Jahre alt waren, Eheschließungen und nichteheliche sexuelle Beziehungen zwischen Juden und Nichtjuden und untersagte ersteren zum »Schutz der deutschen Ehre« das Hissen der Reichs- oder Hakenkreuzfahne. Verfolgt man die Diskussionen in der jüdischen Presse, so erregten sich ehemalige Frontkämpfer vor allem über das Verbot, die deutsche Flagge zu hissen, während gleichzeitig eine erregte Debatte über die nun neu gestellte »Dienstbotenfrage« entbrannte.

Die ad hoc dramatischste Folge der Nürnberger Gesetze konnte dagegen nicht öffentlich diskutiert werden: Die Kriminalisierung intimer Beziehungen und die Zerstörung der Lebensplanungen einer unbekannten Zahl von Liebespaaren. Von nun an gab es im deutschen Strafrecht den Tatbestand »Rassenschande«: In den folgenden Jahren wurden überall in Deutschland Tausende jüdische Männer und Frauen wegen tatsächlicher oder vermuteter Liebesbeziehungen zu Arierinnen denunziert, von der Gestapo verfolgt und von den Gerichten zu Gefängnis oder Zuchthausstrafen verurteilt. Jüdische Männer erhielten deutlich höhere Strafen als nichtjüdische, jüdische Frauen wurden als Zeuginnen während und manchmal auch noch nach Ende des Prozesses in Schutzhaft genommen. Während die beteiligten jüdischen wie nichtjüdischen Frauen sozial als »unmoralisch« und »sittlich verwahrlost« gebrandmarkt waren (was später zu einer KZ-Einweisung als »Asoziale« führen konnte), wurden über 2000 Männer wegen »Rassenschande« mit Strafen von bis zu vier Jahren abgeurteilt. Für die Juden unter ihnen folgte danach oftmals die Überstellung in ein Lager und damit der fast sichere Tod. Als »Rassenschänder« waren sie dort ähnlichen Sexualfoltern ausgesetzt wie homosexuelle Häftlinge, nachdem zuvor die Polizeiverhöre und Gerichtsverhandlungen, in denen penetrant nach den intimsten Details gefragt wurde, eine Form von öffentlich ausgeübter, verbaler sexueller Gewalt gegen alle Beteiligten dargestellt hatten.

Dies verweist auf die subkutane Bedeutung der Vermischung von Sexualität und Antisemitismus: Schon 1933 und verstärkt seit Frühjahr 1935 war es immer wieder zu öffentlichen Beschämungen von »Rassenschändern« gekommen, die mit diffamierenden Schildern behangen durch die Straßen ihrer Heimatstädte getrieben wurden. Die infolge der neuen Gesetze veranstalteten Prozesse wurden zudem von einer sensationalistischen Berichterstattung begleitet, die die Grenze zur Pornographie immer wieder überschritt – und sich dadurch besonderer Beliebtheit gerade bei jugendlichen Lesern erfreute, wie manche lokale Autoritäten besorgt feststellen mussten. Jüdische Männer wurden als Lüstlinge geschildert, die unschuldige Frauen zu allen möglichen »Perversitäten« trieben, während unersättliche Jüdinnen den etwas tumben »Ariern« mit List und Tücke die Sinne benebelten. Indem man so den voyeuristisch-lustvollen Blick des breiten Publikums bediente, aber gleichzeitig die die Phantasie anheizende »Vermischung« kriminalisierte, wurde die Vorstellung von »rassischer Ungleichheit« tief im Unterbewusstsein verankert und die Trennung zwischen Juden und Nichtjuden sehr viel weiter vorangetrieben, als es berufliche Einschränkungen oder alltägliche Verbote allein vermocht hätten.

Die antijüdische Politik des NS-Regimes übte in den dreißiger Jahren also in vielfacher Weise einen massiven Druck auf die Geschlechterverhältnisse aus: Handlungsmöglichkeiten und Lebenspläne jüdischer Männer und Frauen wurden zusehends begrenzter, was angesichts der hierarchischen Verteilung der Geschlechtsrollen in den Familien und auf dem Arbeitsmarkt dazu führte, dass sich die beruflichen und sozialen Spielräume für Frauen stark einschränkten: In der allgemeinen Notlage wurde Männern auf allen Gebieten deutlich der Vorrang eingeräumt, dies war sowohl innerhalb der jüdischen Gemeinschaft als auch in den Familien kaum umstritten. Gleichzeitig waren jüdische Männer den Brutalitäten des Regimes in sehr viel stärkerem Maße ausgesetzt. Die antisemitische Hasspropaganda richtete sich fast ausschließlich gegen sie und zielte, wie schon zuvor, oftmals direkt auf ihre Männlichkeit; auch mussten sie, vor allem in bestimmten Gegenden, jederzeit mit Anfeindungen bis hin zu körperlicher Gewalt rechnen. Da sie zudem ihre angestammte und tief verinnerlichte Rolle als Ernährer und Beschützer ihrer Familien immer weniger ausfüllen konnten, war der NS-Angriff auf die Geschlechtsidentität für jüdische Männer weitaus massiver als für jüdische Frauen. Diese wiederum sahen sich zurückgeworfen auf traditionelle weibliche Rollen, Tätigkeitsbereiche und Anforderungen: Es wurde erwartet, dass sie anstandslos zurückstanden, dem Bruder den Vortritt ließen und dem Ehemann zuarbeiteten. Gleichzeitig waren viele bürgerliche Frauen durch den Wegfall der Dienstmädchen erstmals überhaupt mit den harten Realitäten der Hausarbeit konfrontiert. Wie immer zu Krisenzeiten wurde von ihnen daneben erwartet, dass sie die Gemeinschaft, die Familie zusammenhielten, Spannungen ausglichen und für Geborgenheit und psychische Stabilität von Männern und Kindern sorgten. Die vielen starken Frauen und Mütter, die sich in den Erinnerungen der Ausgewanderten finden, verweisen in erster Linie auf die enorm gestiegenen emotionalen Ansprüche an die weiblichen Familienmitglieder und auf die Bedeutung, die ihnen in Zeiten der Not zukam. Dass nicht alle von ihnen diese fast unmenschlichen Erwartungen erfüllen konnten, erstaunt kaum, auch wenn sich die Spuren der innerfamiliären Konflikte und Zusammenbrüche eher in den Akten der Gemeindewohlfahrt finden als in den biographischen Quellen.

Inwiefern sich die sofort 1933 einsetzende soziale Ausgrenzung, die »Abwendung der Mehrheit von der Minderheit« (Richarz), die sich individuell aus zahlreichen anonymen Schmähungen, persönlichen Enttäuschungen, zerbrochenen Freundschaften und vorauseilender Selbstisolation zusammensetzte, für Männer oder für Frauen problematischer gestaltete, darüber lässt sich lediglich spekulieren. Alter, Wohnort, Schichtzugehörigkeit und Beruf spielten bei der individuellen Verfolgungserfahrung ebenso eine Rolle wie nicht zuletzt der jeweilige Charakter und schlichtweg der Zufall.

Spezifisch männlich war dagegen sicherlich die Kriegserfahrung, so ambivalent diese auch gewesen sein mochte und so umstritten dieses Terrain männlicher Zugehörigkeit schon in der Weimarer Republik gewesen war. Dass wir es hier dennoch mit einem starken Band männlicher Vergemeinschaftung zu tun haben, das die antisemitische Propaganda und selbst die Gesetzgebung in der frühen Phase des NS-Regimes tendenziell unterlaufen konnte, davon zeugen die Anfangserfolge des RJF, der sich die zahlreiche Diskriminierungen und Berufsverbote zunächst einschränkende »Frontkämpferklausel« auf seine Fahnen schrieb. Insofern lässt sich festhalten, dass die ältere Generation jüdischer Männer durch das Militär auf eine Art und Weise an Deutschland als Heimat gebunden war (und dies anfangs sogar von den Nationalsozialisten bestätigt bekam), die Frauen, aber auch jüngeren

Männern fehlte. Die Bindung durch den Beruf, vor allem als Akademiker und noch stärker als Beamter, mag ebenfalls in diese
Richtung gewirkt haben, gleichzeitig bedeutete die brutale Ent-
rechtung gleich zu Beginn der NS-Herrschaft auf diesem Feld
einen besonders starken Bruch. Frauen dagegen waren in ihrer
großen Mehrheit stärker bzw. ausschließlich auf das familiäre
Umfeld orientiert, in ihrem Alltag also sehr viel stärker in rein
jüdische Bezüge verwoben. Dies spricht dafür, dass sie gerade von
der ersten Welle antijüdischer Anfeindungen tendenziell nicht
ganz so hart bzw. eher indirekt, über ihre Männer, getroffen wurden, die den antisemitischen Berufskollegen schlechter ausweichen konnten als eine Hausfrau dem antisemitischen Bäcker oder
Postbeamten. Es gab jedoch einen Bereich, für den Frauen traditionell zuständig und dadurch, in Zeiten der Verfolgung, besonders verwundbar waren – und das war das Wohl der Kinder. Keine andere Gruppierung innerhalb der jüdischen Bevölkerung war
der nationalsozialistischen Aggression so hilflos ausgeliefert wie
die jüdischen Kinder und Jugendlichen. Tätliche Angriffe auf dem
Schulweg oder beim Spielen gehörten ebenso zum kindlichen
Alltag wie die ständigen Diffamierungen seitens mancher Lehrer
und vieler Gleichaltriger, denen vor allem die Jüngeren keine
Rationalisierungen entgegensetzen konnten. Schon im Sommer
1933 mahnte kein Geringerer als Martin Buber (1878-1965) die
Eltern zu größerer Sensibilität gegenüber ihrem traumatisierten
Nachwuchs: »Sie haben ihre Umwelt verloren, die Welt ihrer
Freunde und Schulgenossen.... Sie erzählen euch vielleicht nicht
davon, aber manchmal fahren sie nachts aus dem Traume auf«.[48]
Es waren in erster Linie die Mütter, die mit dem Leid der Kinder
und Jugendlichen direkt konfrontiert waren und die allzu oft, dies
belegen vielfache Aufrufe und Ratschläge in der jüdischen Presse
der dreißiger Jahre, überfordert waren angesichts der mannigfal-
tigen Sorgen und Nöte, die die Familien als Ganzes betrafen.

---

[48]   Zitiert nach: Michael Nagel, Lebensentwürfe für Mädchen in den Kinder- und Ju-
      gendbeilagen der deutsch-jüdischen Presse 1933-1938, in: Lappin/Nagel, S. 235-261,
      S. 223.

Angesichts der ambivalenten und z.T. gegenläufigen Konsequenzen, die die nationalsozialistische Verfolgung für beide Geschlechter besaß, lässt sich keine klare Aussage darüber machen, ob es eher Männer oder eher Frauen waren, die zur Auswanderung drängten. In den Erinnerungen derjenigen, die letztlich aus Deutschland emigrierten und überlebten, finden sich zahlreiche Beispiele für weibliche Initiative, die retrospektiv mit der Sorge um die Kinder und der geringeren Bindung an Deutschland erklärt wird, während sich die Männer hartnäckig an ihren Beruf geklammert hätten. Dies scheint jedoch vorwiegend für bürgerliche deutsche Frauen gegolten zu haben, während dies in den ostjüdischen Einwanderer- und/oder kleinbürgerlichen Familien, wo beide Elternteile erwerbstätig waren und sich oftmals gerade mühevoll eine Existenz aufgebaut hatten, keineswegs durchgängig der Fall war – ohne dass dies umgekehrt eine tiefere Bindung an »Deutschland« oder gar Gleichgültigkeit gegenüber dem Leid der Kinder bedeuten musste. Auch wissen wir nichts über die Geschlechterdynamik in den Entscheidungsprozessen derjenigen Familien, die nicht auswanderten und von denen niemand überlebte oder Bericht erstattete.

Betrachtet man die reinen Zahlen, so ist die Lage dagegen sehr eindeutig: Zwei Drittel der Jüdinnen und Juden hatten Deutschland bis zum Novemberpogrom *nicht* verlassen. Die bis dahin größte Zahl, nämlich 37.000 Menschen, hatte sich zu diesem Schritt im Jahr nach der Machtergreifung entschlossen, als gleich in den ersten Wochen und Monaten des neuen Regimes Tausende von politischen Gegnern flohen, gefolgt von den Opfern der ersten Berufsverbote, also meist Akademikern und Künstlern, sowie mehreren hundert Zionisten, die nun ernst machten mit z.T. schon länger gehegten *Aliya*-Plänen. Danach pendelte sich die Zahl der Auswanderer auf jährlich jeweils zwischen 20-25.000 Personen ein, wobei es 1934 und 1935 gleichzeitig zu einer beträchtlichen Rückwanderwelle kam. Noch 1937 und 1938 fuhren Tausende für einige Wochen nach Palästina, um sich mit den dortigen Gegebenheiten vertraut zu machen und kehrten anschließend wieder nach Deutschland zurück. Diese Zahlen deu-

ten darauf hin, dass die Emigration aus Deutschland in den dreißiger Jahren keineswegs einem in der Rückschau klar zu
erkennenden Schema folgte, sondern vielmehr ein komplexer
Aushandlungsprozess war, bei dem viele Faktoren eine Rolle
spielten: neben Alter, Bildung und Besitz auch das Geschlecht,
denn es waren eindeutig die Männer, die zuerst und in größerer
Zahl emigrierten. Für das Jahr 1937 wurde der Männerüberhang
bei den Emigranten auf 20 Prozent geschätzt, und im Mai 1939,
mitten in der letzten großen Fluchtwelle, waren den Zahlen der
Volkszählung zufolge deutlich mehr jüdische Frauen als Männer
in Deutschland zurückgeblieben.

In den dreißiger Jahren wurde in allen jüdischen Familien über
Emigration nachgedacht, geredet und gestritten, Optionen ge-
prüft und verworfen. Dabei spielten in allererster Linie rationale,
ökonomische Gründe eine Rolle. Vor diesem Schritt musste klar
sein, dass man im neuen Land würde überleben, seinen Beruf
ausüben, seine Familie ernähren können. Solange man in
Deutschland ein einigermaßen vertretbares Auskommen hatte,
erschien dieser Schritt den meisten viel zu riskant und wurde in
die Zukunft verschoben.

Da diese Verantwortung in fast allen Familien primär auf den
Männern lastete, erscheint es aus zeitgenössischer Sicht nur fol-
gerichtig, dass dieser Schritt von ihrer Seite oftmals hinausgezö-
gert wurde. Hatte man sich einmal entschieden, so wurden, einer
allgemeinen Migrationslogik folgend, die Väter häufig vorausge-
schickt, die sich erst alleine etablieren sollten, um dann die Familie unter erträglichen Bedingungen nachkommen zu lassen. Zudem waren Männer, wie gezeigt, in den ersten Jahren des
NS-Regimes deutlich stärker gefährdet, was die innerfamiliären
Diskussionen ebenfalls beeinflusst haben wird. Schließlich förderten auch die jüdischen Gemeinden und Organisationen, wie
schon in den Jahrzehnten zuvor, als es um die osteuropäischen
Juden ging, vor allem die Auswanderung junger Männer, die man
für geeigneter hielt, »die Beschwerlichkeiten einer Auswanderung auf sich zu nehmen, als das bei Frauen und Mädchen der
Fall ist«, wie das »Israelitische Familienblatt« im Januar 1938

formulierte.[49] Dem gegenüber stehen die zahlreichen Inserate in der jüdischen Presse, aber auch, bis 1938, in der »Frankfurter Zeitung«, in denen Frauen im Ausland nach einem Ehemann suchten. Das einzige Land, das gezielt alleinstehende Frauen anwarb und aufnahm, war Großbritannien, in das Frauen als »domestics« einwandern konnten: 14.000 Deutsche und Österreicherinnen retteten so ihr Leben.

Gegen die Benachteiligung der Frauen und Mädchen bei der gemeindlich organisierten Auswanderung hatte der JFB seit 1935 protestiert, mehr *Hachscharah*-Plätze für Mädchen gefordert – was 1938 schließlich Erfolg hatte – und gleichzeitig die Ausbildung in »vermittelbaren« Berufen (Schneiderinnen, Säuglingspflegerinnen, Kindergärtnerinnen, Hausangestellte) nach Kräften ausgeweitet: Gab es 1933 vier JFB-geführte Ausbildungsstätten, so waren es 1938 schon 21. Allein im Jahre 1937 konnten mit Hilfe des JFB über 3000 Frauen auswandern, die große Mehrheit von ihnen nach Nord- und Südamerika.

Dennoch konstatierte auch der Frauenbund ähnlich wie der Hilfsverein, dass es gerade »die Frau« war, »die stärker am Hause, an den Eltern und der Heimat hängt als der Mann mit seiner Unternehmungslust und seiner Sehnsucht in die Ferne.«[50] Das Argument der angeblich engeren Familienbindung konnte also in beide Richtungen wirken: in weibliches Drängen auf Auswanderung zum Wohle Kinder oder im Verzicht auf Auswanderung zum Wohle der alten Eltern. Umgekehrt belegen zahlreiche männliche, nach der Emigration geschriebene Erinnerungen, wie schwer es auch Männern fallen konnte, ihr Elternhaus und ihre Heimat zu verlassen: Jungen beschrieben Heimweh, ältere Männer, die sich zwischen der Verantwortung für Ehefrauen und Kinder oder für die eigenen Eltern entscheiden mussten, quälten Schuldgefühle: »Der Gedanke, dass ich meine Mutter und Bertha

---

49   Zitiert nach: Sibylle Quack, Jüdische Frauen in den dreißiger Jahren, in: Kirsten Heinsohn, Barbara Vogel, Ulrike Weckel (Hg.), Zwischen Karriere und Verfolgung. Handlungsräume von Frauen im nationalsozialistischen Deutschland, Frankfurt a.M. 1997, S. 111-128, S. 120.
50   Ebd., S. 121.

(seine Schwester, SSS) nicht retten konnte und nicht gerettet habe, wird mich mein ganzes Leben lang quälen«, sollte einer von vielen später in den USA zu Protokoll geben.[51] In welchem Maße bei all diesen unmenschlichen Entscheidungen geschlechtsspezifische Normen, innerfamiliärer Druck oder individuelle Neigungen den Ausschlag gaben, wird sich letztlich nicht entscheiden lassen, sicher ist nur, dass es eher die Frauen, vor allem die unverheirateten Töchter waren, die auf eine Auswanderung verzichteten und mit älteren Verwandten zurückblieben.

Ungeachtet anderer Faktoren wie Alter, Familienstand, Schichtzugehörigkeit und den Spezifika der einzelnen Emigrationsländer setzte sich die Verschiebung der innerfamiliären Geschlechterrollen aus den zurückliegenden Notjahren in Deutschland nach der Auswanderung weiter fort bzw. verstärkte sich zum Teil noch: Männer wie Frauen waren dort zunächst gezwungen, jede Arbeit anzunehmen, um über die Runden zu kommen. Da allerdings Frauen oft leichter eine Tätigkeit in subalterner Position fanden als ihre Ehemänner, waren sie zu Beginn häufig die schlecht bezahlten *bread winners*, sei es als Eisverkäuferin wie die Ärztin Käte Frankenthal (1889-1979) oder als Kellnerin wie die Architektin Karola Bloch (1905-1994). Gerade in Akademikerhaushalten bedeutete die Emigration fast immer einen Rückschritt in der beruflichen Entwicklung der Ehefrau, die als Putzfrau oder Krankenschwester das Geld verdiente, während der Ehemann Sprachkurse belegte oder sich auf neu zu bestehende Examina vorbereitete. Viele weibliche Medizinerkarrieren, die in der Weimarer Republik hoffnungsvoll begonnen hatten, wurden so zwangsweise beendet, nur ein Drittel der in die USA ausgewanderten Ärztinnen schaffte, oftmals nach langer Familienpause, den Wiedereinstieg in den alten Beruf. Noch dramatischer war der Statusverlust für beide Geschlechter in jenem Land, das schon im Gründungsmythos die Einwanderung mit einer positiven Aufbau-

---

[51]   Zitiert nach Judith Gerson, Family Matters. German Jewish Masculinities among Nazi Era Refugees, in: Benjamin M. Baader, Sharon Gillerman, Paul Lerner (Hg.), Jewish Masculinities. German Jews, Gender, and History, Bloomington 2012, S. 210-231, S. 220.

geschichte verband: Palästina/Israel. Während sich hier die politischen und ökonomischen Bedingungen ungleich schwieriger gestalteten und mit der Übersiedlung fast immer eine deutliche Senkung des Lebensstandard bei häufig ungewohnter körperlicher Arbeit verbunden war, bot die zionistische Gesellschaft aber gerade jungen, unverheirateten Männern und Frauen attraktive ideologische Angebote der identitären Neuverordnung: Starke, wehrhafte Männer und emanzipierte, zupackende Frauen waren die zionistischen Ideale, die allerdings keineswegs immer der Realität entsprachen, zumal der Wandel in den Vorstellungen von idealer Weiblichkeit deutlich drastischer war: »Während der Überfahrt gab unsere Mutter uns einen Vortrag zum Thema ‚Zionismus'«, erinnert sich ein junges Mädchen: »Von heute an kein Make-up, kein Korsett und keine seidenen Strümpfe mehr und noch einige ‚kein', die ich vergessen habe. In Kurzform: Wir bekamen eine ordentliche Gehirnwäsche.«[52]

Da sich, ungeachtet der jeweiligen Definitionen von Weiblichkeit, in allen Ländern auch die schwer arbeitenden Frauen »nebenbei« um Haushalt und Kinder und die emotionale Versorgung aller Familienmitglieder kümmern mussten, verfestigten sich letztlich in der Emigration die alten Rollen, auch wenn die Erwerbstätigkeit kurzfristig zu einem internen weiblichen Machtzuwachs geführt haben mag. Inwieweit Männer umgekehrt durch den Bruch in ihren Karrieren, durch den sozialen Statusverlust und durch die erlittenen Demütigungen und Traumata unfähiger waren, sich pragmatisch an die neue Umgebung anzupassen und sich dadurch stärker auf die Familie konzentrierten, sei dahingestellt. In vielen Erinnerungen gerade der Kinder ist von »gebrochenen« und verstummten Vätern die Rede – und die Geschichte derjenigen Männer und Frauen, die in der Emigration scheiterten, verarmten und vereinsamten, wird sich vermutlich nie schreiben lassen.

---

[52]   Shlomit (Irma) Mueller, *Derech ha Adasha sheli*, Pardess Hanna 1996, in: Archiv Museum des deutschsprachigen Judentums in Tefen, Signatur GF 0290/1. Ich danke Viola Rautenberg für diesen Hinweis.

Für diejenigen, die in Deutschland zurückgeblieben waren, sollte das Jahr 1938 neue und zusehends drastische Verschärfungen bringen: Nach dem »Anschluss« Österreichs kam es dort zu pogromartigen Ausschreitungen, gefolgt von einer durch die von Adolf Eichmann geleitete »Zentralstelle für Jüdische Auswanderung« brutal forcierten Vertreibungspolitik, in deren Folge bis Ende des Jahres fast 80.000 österreichische Juden und Jüdinnen ihre Heimat verließen. Im nun »Altreich« genannten Deutschland folgten gesetzliche Diskriminierungen wie die Einführung der Zwangsnamen »Israel« und »Sara« sowie das in den Pass gestempelte »J«. Im Juni kam es zu ersten Masseneinweisungen von jüdischen Männern in Konzentrationslager im Rahmen der »Aktion Asozial Reich«, bei der nicht nur sozial randständige Männer und Frauen, sondern auch gezielt meist wegen verfolgungsbedingter Bagatelldelikte vorbestrafte Juden, insgesamt 1500, ins Visier genommen wurden: allein im KZ Buchenwald kamen 146 von ihnen zu Tode. Daneben hatte man schon seit Monaten all jene jüdischen Familien schikaniert, die nicht die deutsche Staatsangehörigkeit besaßen, obgleich die meisten schon seit Jahrzehnten hier ansässig waren. Vorläufiger Höhepunkt war die Ausweisung von 18.000 »polnischen« Juden, die innerhalb kürzester Zeit und unter menschenunwürdigen Umständen über die Grenze gezwungen wurden. Auch symbolisch wurde an manchen Orten schon das Ende des jüdischen Lebens in Deutschland inszeniert, etwa durch die Sprengung und den Abriss der großen Synagogen in München, Nürnberg und Dortmund, bevor es im November 1938 zum zweiten öffentlichen Großangriff gegen die jüdische Bevölkerung seit dem April-Boykott 1933 kam. Diesmal jedoch war das Vorgehen ungleich brutaler und folgenreicher: Nicht nur Synagogen und Geschäfte wurden zerstört, erstmals drangen die Täter auch in die Privatwohnungen jüdischer Familien ein, verwüsteten das Mobiliar und verschleppten die männlichen Angehörigen. Für viele Männer und Frauen war dies das erste Mal in ihrem Leben, das sie selbst direkt mit Gewalt konfrontiert waren – und diese machte nun auch vor Frauen nicht mehr halt: Sie wurden bedrängt, die Treppe hinunter gestoßen oder auf andere Weise in den Tod getrieben – man schätzt, dass insgesamt in diesen Tagen ca. 1.400 Menschen ums Leben kamen. Es scheint, als sei im November 1938 seitens der Täter eine vorletzte zivilisatorische Schwelle überschritten worden, denn von diesem Zeitpunkt an gibt es immer wieder Schilderungen brutaler Gewalt auch gegen Frauen, alte wie junge, wobei dies allerdings stark je nach lokalem Milieu variierte: Beschreibungen wie die aus dem Dresdner »Judenhaus«, in dem das Ehepaar Klemperer ab 1940 leben musste, sind beispielsweise aus Hamburg nicht überliefert – was jedoch umgekehrt nicht bedeuten muss, dass es solche Exzesse dort oder in anderen deutschen Städten nicht gegeben hat.

Für die ca. 30.000 Männer und Jugendlichen, die am 9. und 10. November 1938 in die Lager Buchenwald, Dachau und Sachsenhausen verschleppt wurden, begann ein mehrwöchiges, manchmal monatelanges Martyrium, das Hunderte von ihnen nicht überleben sollten.

Da auf Heydrichs Befehl vor allem »wohlhabende« Juden verhaftet werden sollten, handelte es sich bei den »Novemberjuden« um die Reste des deutsch-jüdischen (Bildungs)-Bürgertums, um Männer also, deren Sozialisation und Lebenswelt sie in keinster Weise auf die Lagerrealität vorbereitet hatte. Die jungen SS-Männer, die ihre antisemitischen und antibürgerlichen Aggressionen ungehemmt an ihnen ausleben konnten, wählten sich mit Vorliebe ältere, dickliche und/oder »intellektuell« aussehende Gefangene aus, um sie öffentlich zu quälen und zu demütigen, wobei die Männlichkeit der Opfer häufig ganz gezielt im Zentrum stand. Berichte über sexuelle Folter und Erniedrigung finden sich vielfach in späteren Prozessakten, weniger in den Erinnerungen der Betroffenen. Diese Form einer bislang nicht gekannten Konfrontation mit Gewalt, Schmerz und Angst ließ die meisten verstummen, die wenigen, die davon berichteten, geben dabei direkt und indirekt Auskunft über verschiedene spezifisch männliche Formen der Verarbeitung dieser traumatischen Erfahrung, über den Versuch, das eigene Selbst trotzdem intakt zu halten. Während die erste Generation von jüdischen KZ-Insassen, die 1933 aus

politischen Gründen Inhaftierten, sich am Ideal des jungen, un-
beugsamen Klassenkämpfers festhalten konnte (und musste, war
man doch auf die darauf basierende Gruppensolidarität angewiesen), orientierten sich die älteren bürgerlichen Männer im Winter
1938/39 an ihren Fronterfahrungen aus dem Ersten Weltkrieg
oder bezogen sich bewusst auf ihre höhere kulturelle wie menschliche Bildung, um die bedrohlichen und beängstigenden Erfahrungen zu rationalisieren. So sind sie selbst in ihren Schilderungen immer gefasst und kontrolliert, beobachten und analysieren
das Geschehen um sich herum, die Erniedrigungen und Zusammenbrüche, die immer nur die anderen erleiden: »Nie habe ich
so viele Männer weinen sehen wie in Dachau«, schreibt z.B. ein
Kaufmann aus Pirmasens und gibt damit indirekt preis, wie all-
gegenwärtig die Verzweiflung gewesen ein muss.[53]

Hinzu kam die zunächst völlige Isolation von ihrem familiären
Umfeld, verbunden mit dem Gefühl, nicht mehr in der Lage zu
sein, die ihnen Anvertrauten zu schützen. Stattdessen waren nun
die Männer angewiesen auf die Tüchtigkeit und Durchsetzungs-
fähigkeit ihrer Ehefrauen und Mütter, die »draußen« für ihre
Freilassung kämpften, was de facto bedeutete, in rasantem Tempo
die Auswanderung vorzubereiten. Viele dieser Frauen übernahmen in dieser Situation erstmals in der Öffentlichkeit Verantwortung für das Schicksal der eigenen Familie. In einem mittlerweile fast flächendeckend feindlichen Umfeld aus Polizei, Behörden
und Privatpersonen mussten Papiere besorgt, Visa beantragt,
Wohnungen und Geschäfte verkauft werden, alles Bereiche und
Handlungen, die bislang zum klassischen Terrain der Familienoberhäupter gehört hatten. In den Erinnerungen von Frauen und
Männern wird immer wieder betont, wie souverän und »tapfer«
erstere sich dieser völlig neuen Situation stellten, bis die Familie
glücklich vereint das »letzte Schiff« oder den »letzten Zug« aus

---

[53]   Zitiert bei Kim Wünschmann, Die Konzentrationslagererfahrungen deutsch-jüdischer Männer nach dem Novemberpogrom 1938. Geschlechtergeschichtliche Überlegungen zu männlichem Selbstverständnis und Rollenbild, in: Susanne Heim,
Beate Meyer, Francis R. Nicosia: »Wer bleibt, opfert seine Jahre, vielleicht sein Leben«. Deutsche Juden 1938 – 1941, Göttingen 2010, S. 39-58, S. 57.

Deutschland hinaus erwischte. Eindrücklich unterstreichen solche Schilderungen das Gefühl von Dringlichkeit und Not, vom Überleben in letzter Minute. Unerwähnt bleibt der innerfamiliäre Umgang mit den so unterschiedlichen Erfahrung von Männern und Frauen in diesen letzten Monaten in Deutschland und es lässt sich nur vermuten, dass die geschilderten Lebensumstände in den ersten Jahren in der Emigration dazu beitrugen, dass die erschütterten Geschlechtsidentitäten von Männern und Frauen sowie die interne Familienhierarchie weiter fragil blieben.

Nach und nach waren die während des Pogroms Inhaftierten seit Ende November entlassen worden, die ehemaligen Frontkämpfer zuerst, dann Männer über fünfzig und Jungen unter achtzehn Jahren, später die Übrigen, so sie Auswanderungspapiere vorweisen konnten. Insgesamt verließen nun in einer großen Fluchtwelle noch einmal 100.000 Menschen das Land, so dass sich bis 1941 fast zwei Drittel der deutschen Juden ins Ausland hatte retten können, von denen jedoch eine unbekannte Zahl den deutschen Verfolgern nach Beginn des Krieges wieder in die Hände fiel.

Zurück geblieben waren zu Kriegsbeginn die Armen, die Alten und die Frauen: 1939 waren drei Viertel der jüdischen Bevölkerung älter als 40, ein Drittel älter als 60, ca. 60 Prozent waren weiblich, viele davon alleinstehend: Im Mai 1939 lebten in Deutschland 6674 Witwer und 28.347 Witwen. Nach dem Novemberpogrom hatte die Regierung die letzten Schritte unternommen, sich des noch verbliebenen jüdischen Vermögens zu bemächtigen und gleichzeitig jede wirtschaftliche Tätigkeit verboten, so dass die jüdische Bevölkerung vollends auf eine Art jüdische »Binnenwelt« zurückgeworfen war, die von der »Reichsvereinigung der Juden in Deutschland« organisiert wurde, der seit Sommer 1939 direkt der Gestapo unterstellten Zwangsorganisation.

Die »Reichsvereinigung« stand in direkter, vor allem personeller Kontinuität zur im September 1933 als »Reichvertretung der deutschen Juden« gegründeten Dachorganisation der verschiedenen politischen und sozialen Organisationen des deutschen Judentums. Bis Ende 1938 hatte die »Reichsvertretung«, aufbauend auf den Krisenerfahrungen der späten Weimarer Jahre, ein beeindruckendes Netz an innerjüdischer Selbsthilfe aufbauen und mit relativ großer interner Freiheit agieren können. Ziel war es, für die Ausgegrenzten eine möglichst funktionierende Infrastruktur zu erschaffen und gleichzeitig den Jüngeren eine sinnvolle Ausbildung und damit die Auswanderung ins Ausland zu ermöglichen. Insgesamt konnten achtzig Prozent der jüdischen Kinder und Jugendlichen gerettet werden, allein 18.000 kamen mit der »Jugend-Aliyah« nach Palästina, 10.000 mit den Kindertransporten nach Großbritannien. Neben der Emigrationshilfe, dem »Kulturbund«, in dem arbeitslos gewordene Künstlerinnen und Künstler seit 1933 ein Auskommen fanden und der Gründung jüdischer Schulen war die 1935 ins Leben gerufene »Winterhilfe« die zentrale Einrichtung, die die wachsende materielle Not der jüdischen Bevölkerung mit Eintopfessen, Kleidersammlungen und Pfundspenden zu lindern versuchte. Schon im Winter 1935/36 wurden in Berlin 30.000 und insgesamt in Deutschland 83.000 Bedürftige versorgt, eine Zahl, die von nun an bis zu den Deportationen Jahr für Jahr ansteigen sollte. Dass all dies nicht immer selbst- und klaglos geleistet wurde, sondern dass die so beeindruckende innerjüdische Solidarität oftmals gegen massive Widerstände eingefordert werden musste, davon zeugen die verbliebenen Dokumente eher zwischen den Zeilen. Der JFB beispielsweise lobte seine bei den Winterhilfe-Sammlungen aktiven Mitglieder mit den Worten: »Viele, die im Beruf stehen, stellen ihre freien Stunden zur Verfügung, laufen treppauf, treppab, oft vergebens, ungeachtet des nicht immer freundlichen Empfangs«.[54]

Die Verfolgung brachte beides hervor: mürrischen oder auch verzweifelten Egoismus *und* selbstloses Engagement für die jüdische Gemeinschaft – von Männern und Frauen. Allerdings wurden nach 1933 tatsächlich mehr Frauen als Männer in den jüdischen Gemeinden und Organisationen aktiv und hier vor allem

---

[54]   Zitiert nach: Gudrun Maierhof, Selbstbehauptung im Chaos. Frauen in der jüdischen Selbsthilfe 1933-1943, Frankfurt a.M. 2002, S. 77.

in den großen Feldern der Sozialarbeit, Kinder- und Jugendfür-
sorge sowie der Gesundheitsversorgung. Viele dieser »Hitler-
Rekruten« hatten, wie gezeigt, als Frauen als erste ihre Stellen im
öffentlichen Wohlfahrtswesen verloren, zudem war das, was man
früher »soziale Mütterlichkeit« genannt hatte, in Zeiten der Not
besonders gefragt. Wenn die Einrichtungen der Gemeinde nun,
wie es oft hieß, zu »Inseln menschlicher Wärme«[55] für die Verfolgten wurden, so ist dies in erster Linie der Arbeit der Frauen
zu verdanken, an die – nicht zuletzt aufgrund der Emigration
ihrer männlichen Kollegen – immer mehr Aufgaben delegiert
wurden. Gleichzeitig jedoch blieben Rollenbilder und Hierarchi-
en unangetastet: Kleine Mädchen lernten auch in den dreißiger
Jahren in der Kinderbeilage der CV-Zeitung, dass es ihnen zukam,
als künftige Mütter für den inneren Erhalt des Judentums und das
Fortbestehen der Tradition zu sorgen, während das zionistische
Pendant sich fast ausschließlich an Jungen richtete, denen Aben-
teuer und Heldentum in Palästina in Aussicht gestellt wurden.
Lediglich intern im JFB herrschte zuweilen ein anderer, deutliche-
rer Ton: Ziel war es nun, so die Berliner Vorsitzende Ottilie Schö-
newald (1883-1961), die »Frauen mit dem Geiste des Widerstan-
des gegen die herrschenden Gewalten zu beseelen und ihnen
hierzu das nötige Rüstzeug zu geben«.[56] In diesem Sinne engagierte sich der Frauenbund nach seinem Austritt aus dem BDF
im Mai 1933 in mannigfacher Weise für die verfolgte jüdische
Gemeinschaft und fungierte gleichzeitig für viele der dort tätigen
Frauen als weibliche Solidargruppe, die sich, meist umsonst, um
wenigstens die symbolische Anerkennung ihrer Leistungen durch
die männlichen Leitung bemühte. Denn in der »Reichsvertretung«, und auch später in der »Reichsvereinigung« war keine
Frau im höchsten Entscheidungsgremium vertreten, und der JFB
kämpfte vergeblich darum, im Rat der »Reichsvertretung« reprä-

---

[55]   Ebd. S. 303.
[56]   Zitiert nach Sylvia Rogge-Gau, Institutionelle Selbstbehauptung von jüdischen
       Frauen am Beispiel des Jüdischen Frauenbundes 1933-1938, in: Christl Wickert
       (Hg.): Frauen gegen die Diktatur. Widerstand und Verfolgung im nationalsozialis-
       tischen Deutschland, Berlin 1995, S. 74-79, S. 74.

sentiert zu sein, lediglich ohne Stimmrecht durften zwei Frauen ab 1938 an den Sitzungen teilnehmen.

Dies änderte sich auch nach dem Sommer 1939 nicht, als die »Reichsvereinigung« die Arbeit unter völlig anderen und extrem verschärften Bedingungen fortsetzen musste: Die Männer und Frauen, die nun an ihrer Spitze für die jüdische Gemeinschaft tätig waren, hatten sich bewusst zum Bleiben entschieden. Sie waren meist zwischen 40 und 50 Jahre alt, viele von ihnen hatten die Gelegenheit zur Auswanderung gehabt und verzichtet, wie z.B. die promovierte Volkswirtin Cora Berliner (1890-1942), die mehrfach als Begleitung von Kindertransporten in England gewesen war. Sie, wie auch Hannah Karminski (1897-1943) und Paula Fürst (1894-1942), wirkten als Abteilungsleiterinnen der »Reichsvereinigung« und waren untereinander eng befreundet. Ihre männlichen Kollegen wie Otto Hirsch (1885-1941), Paul Eppstein (1902-1944) oder Julius Seligsohn (1890-1942) nahmen, neben dem 70jährigen Leo Baeck (1873-1956), die Interessen der verfolgten Juden nach außen wahr, und dies hieß ab 1939: gegenüber der Gestapo. Da sie alle außer Baeck im November 1938 inhaftiert gewesen waren, waren sie sich des Gewaltpotenzials des Regimes aus eigener Anschauung nur allzu bewusst und versuchten dennoch, den Zumutungen, Drangsalierungen und Schikanen mit einer Mischung aus Würde und Vertrauen auf letzte Residuen von Rationalität und Menschlichkeit zu begegnen, das in den nächsten Monaten immer wieder enttäuscht werden sollte. Mit Ausnahme Leo Baecks bezahlten alle führenden Mitarbeiterinnen und Mitarbeiter der »Reichsvereinigung« von 1939 ihr tief empfundenes Verantwortungsgefühl schließlich mit dem Leben.

Die 137 Frauen und 81 Männer, die vor Beginn der Deportationen für die »Reichsvereinigung« in Berlin tätig waren, konnten der verfolgten Gemeinschaft nur mehr die nötigste Überlebenshilfe leisten. Gottesdienste und Altersheime, Friedhofspflege und Winterhilfe waren nun neben der Fürsorge für die Kinder die Hauptaufgaben. Durch die flächendeckende Einführung der Zwangsarbeit für Männer und Frauen zwischen 18 und 50 bzw. 55 Jahren ab Frühjahr 1941 – im Sommer desselben Jahres betraf dies 53.000 Frauen und Männer – blieben zahlreiche Kinder und Jugendliche ohne Betreuung zu Hause, und nach 50-60 Stunden härtester Arbeit waren die meisten Eltern kaum noch in der Lage, für ihre Familien zu sorgen. Gab es keine älteren Verwandten, die sich um Einkäufe in den wenigen erlaubten Stunden kümmern konnten, drohten Hunger und Verwahrlosung. Die Akten der Sammelvormundschaft der jüdischen Gemeinde, die u.a. Kinder von alleinstehenden, zwangsarbeitenden Müttern betreute, sind voll von Berichten über blasse, apathische, rachitische Jungen und Mädchen, die notdürftig versorgt wurden.

Die erzwungene Mithilfe bei den Deportationen ab Herbst 1941 schließlich war die letzte Aufgabe der Frauen und Männer der Reichsvereinigung, die für die Gestapo die Listen führen, die Deportationsbefehle zustellen und die Familien in den Sammellagern betreuen mussten. Spätestens ab Sommer 1942 war bekannt, dass die »Umsiedlung nach dem Osten« den sicheren Tod bedeuten würde und eine steigende Zahl vor allem älterer Menschen, zwischen drei- bis viertausend, entschied sich in dieser Situation, ihrem Leben selbst ein Ende zu setzen. War Selbstmord in der jüdischen Minderheit vor 1939 vorwiegend eine Tat verzweifelter Männer gewesen, die sich aller Erwerbsmöglichkeiten und Zukunftschancen beraubt sahen, so scheint es in den vierziger Jahren, angesichts der Auslöschung jeglicher Hoffnung auf Leben, keine geschlechtsspezifischen Unterschiede mehr gegeben zu haben. Die 85-jährige Martha Liebermann (1858-1943), Witwe des bekanntesten deutschen Malers, wählte diesen Weg im März 1943 ebenso wie viele männliche Altersgenossen, die sich, in einer letzten Gebärde des Aufbegehrens, zuvor noch einmal ihre Orden aus dem Ersten Weltkrieg angelegt hatten.

Vor bzw. parallel zu den Deportationen in die Todeslager im Osten waren auf deutschem Boden in den Jahren 1940/41 etwa vier- bis fünftausend jüdische Insassen von Heil- und Pflegeanstalten im Rahmen der T 4 Aktion zusammen mit ihren nichtjüdischen Leidensgenossen ermordet worden. Fast alle jüdischen Gefangenen der deutschen Konzentrationslager wurden bei der anschließenden Aktion 14 f 13 umgebracht, so der Deckname der

Fortführung der Euthanasie in den Lagern. Zwischen November 1941 und Mitte 1942 wurden dabei auch vermutlich alle ca. sechshundert Jüdinnen aus dem KZ Ravensbrück in der Heilanstalt Bernburg vergast, darunter u.a. die deutsche Kommunistin Olga Benario (1908-1942) und die österreichische Gewerkschaftlerin Käthe Leichter (1895-1942). Die meisten Jüdinnen, die zwischen 1939 und 1941/42 in Ravensbrück inhaftiert wurden – dies waren ca. zehn Prozent aller Häftlinge in dieser Phase –, waren jedoch nicht als »Politische« ins Lager gekommen, sondern als »Rassenschänderinnen«, »Prostituierte« oder »Asoziale«, seit Sommer 1941 mehrten sich auch Fälle von individuellem Widerstand gegen die Verfolgung, wie Kennkartenbetrug oder Verweigerung von Zwangsarbeit.

Als die »Reichsvereinigung« im Sommer 1943 mit der Deportation ihrer letzten Angestellten aufgelöst wurde, waren über 130.000 Männer, Frauen und Kinder in die Todeslager verschickt worden. Die im Sommer 1943 noch Verbliebenen knapp 32.000 Menschen waren zumeist in Mischehe verheiratet oder lebten als sogenannte »Mischlinge« in einer prekären »Sicherheit«, die sich aber täglich durch neue Verordnungen, geänderte Lebensumstände oder auch einfach durch Glück oder Pech ändern konnte.

Seit dem Erlass der Nürnberger Gesetze hatte die Frage der »Mischlinge« und damit letztlich die einer »sauberen« Trennlinie zwischen jüdischen und nichtjüdischen Deutschen die Gesetzgeber und mit ihnen zahlreiche Beamte in verschiedenen Ministerien beschäftigt. Die ersten Verordnungen zu den Nürnberger Gesetzen, die am 14. November 1935 erlassen wurden, definierten erstmals – anhand der Religion der Großeltern – genau, wer als »Volljude« bzw. als »Mischling ersten bzw. zweiten Grades« zu gelten hatte und erteilten danach bestimmte Heiratsverbote und -erlaubnisse sowie weitere Einschränkungen oder Zulassungen. De facto zielte man dabei aus pragmatischen Gründen darauf ab, Menschen mit nur einem jüdischen Großelternteil in die »arische« Gesellschaft zu integrieren, während alle anderen nach und nach ausgeschlossen werden sollten. Konkret konnte dies vor allem für die ca. 73.000 Männer und Frauen, die als »Mischlinge

1. Grades« eingestuft waren, völlig unterschiedliche Dinge bedeuten: So wurden Männer dieser Gruppe bei Kriegsbeginn eingezogen, sie konnten aber, im Gegenteil zu »Vierteljuden«, keine Offiziere werden – gleichzeitig bestand die Möglichkeit, die eigene rassistische Einstufung durch besondere Tapferkeit zu verbessern. 1940 wurden diese Vergünstigungen z.T. wieder zurückgenommen und alle »Halbjuden« aus der Wehrmacht entlassen. Frauen dagegen konnten, so war es zumindest ab 1942 geplant, ihr Bleiberecht in Deutschland durch »freiwillige« Sterilisation erkaufen. Männer wie Frauen in dieser Gruppe mussten Zwangsarbeit leisten. Die Diskussion der »Mischlingsfrage« auf der Wannsee-Konferenz sowie auf mehreren weiteren Treffen auf Ministerialebene während des Krieges zeigt nicht nur, wie sehr dieses Thema rassistische Ideologen und juristische Tüftler gleichermaßen beschäftigte, sondern auch und vor allem, wie prekär der Status der sogenannten »Halbjuden« bis Kriegsende bleiben sollte: Prinzipiell von den Deportationen ausgenommen, konnten ihnen kleinste Vergehen sehr wohl zum Verhängnis werden, wie zahlreiche Einzelbeispiele belegen, obgleich die exakte Zahl der Opfer unter ihnen nicht bekannt ist. Am Beispiel der von der Sammelvormundschaft betreuten »halbjüdischen« Kinder lässt sich jedoch eindeutig zeigen, dass nur jene überlebten, für die sich »arische« Verwandte einsetzten – und dass sich für dieses solidarische oder auch nur menschliche Verhalten kein Unterschied feststellen lässt zwischen Männern und Frauen: Großväter oder entfernte Tanten nahmen manchmal Kinder zu sich, die sie kaum kannten, so wie es auch Mütter und Väter gab, die ihre Töchter und Söhne allein ließen. Ähnliches lässt sich wohl über das Verhalten der knapp 20.000 »arischen« Partner und Partnerinnen sagen, die in »Mischehe« verheiratet waren. Seit den Nürnberger Gesetzen standen diese Beziehungen unter massivem Druck, der ab 1941 zu einer Frage von Leben oder Tod wurde, da der durch die Ehe prinzipiell geschützte jüdische Partner nach einer Scheidung deportiert werden konnte. Jede fünfte dieser Ehen wurde in den ersten Kriegsjahren geschieden, wobei die meisten Scheidungen auf das Konto »arischer« Frauen gingen. Dies ist vermutlich

auf die im Jahre 1938 eingeführte Unterscheidung von »privilegierten« und »nichtprivilegierten Mischehen« zurückzuführen, nach der die »rassische« Zugehörigkeit des Mannes, neben dem Vorhandensein christlich getaufter Kinder, ausschlaggebend war: Ein »arischer« Mann und eine jüdische Frau waren demnach besser gestellt als umgekehrt, was in letzter Konsequenz bedeutete, dass jüdische Frauen in »Mischehen« tendenziell besser geschützt waren als jüdische Männer.

Ähnliches lässt sich auch über jene ca. zehn- bis zwölftausend Männer und Frauen sagen, die es wagten, sich den Deportationen zu entziehen und für ein Leben in der Illegalität optierten. Ähnlich wie bei der Frage der Auswanderung waren bei dieser Entscheidung zunächst Eigenschaften gefragt, die eher Männern zugeschrieben wurden: Entschlussfreudigkeit, Mut, Wille, Unabhängigkeit. Andererseits waren Frauen für das Leben in der Illegalität besser geeignet, sie waren unauffälliger, zumal im Krieg, als alle jungen Männer an der Front waren, sie ließen sich leichter als Haushaltshilfen, Cousinen oder Freundinnen ausgeben und sie waren, *last but not least*, eher sexuell ausbeutbar als Männer. Es ist unklar, wie die genaue Geschlechterverteilung zu Beginn der Illegalität war, sicher ist nur, dass von den drei- bis fünftausend Überlebenden ungefähr zwei Drittel Frauen waren.

Angesichts der Tatsache, dass man 1942 oder 1943 keineswegs wissen konnte, wann und vor allem wie der Krieg enden würde, so ist, ungeachtet aller geschlechterspezifischen Differenzen, vor allem zu konstatieren, dass das »Abtauchen« ungeheuren individuellen Mut erforderte – und dass allein in Berlin zehn Prozent einer verarmten, überalterten, ausgemergelten und erniedrigten Bevölkerungsgruppe nach 1941 diesen Schritt wagten. Dies verweist letztlich auf ein oftmals viel zu gering eingeschätztes Selbstbehauptungspotenzial unter den Verfolgten, die seit Beginn der NS-Herrschaft auf alle nur erdenkliche Weise versuchten, ihre Würde zu bewahren, Widerspruch einzulegen und im Rahmen ihrer Möglichkeiten Widerstand zu leisten. Das Spektrum dieser Handlungen ist so breit wie der Radius der handelnden Personen: Junge Männer und Frauen, die sich in Heiratsannoncen (die noch bis 1938 in der Frankfurter Zeitung erscheinen konnten) entgegen aller antisemitischer Propaganda als attraktive, gebildete deutsche Jüdinnen und Juden aus den besten Familien präsentierten; älteren Herren und Damen, die auf offener Straße, in der Tram oder beim Bäcker gegen antijüdische Maßnahmen wetterten und dabei, dank der Denunziationsfreude ihrer »arischen« Mitbürger, Kopf und Kragen riskierten; die neunzehnjährige Marie Jalowicz, die, getarnt als naive Fragerin, Berliner Schupos über die schikanösen antijüdischen Gesetze aufklärte; oder aber das Vorstandsmitglied der Reichsvereinigung Paul Eppstein, der gegenüber einem pöbelnden Adolf Eichmann noch im März 1939 darauf bestand, dass ihm als Repräsentant der deutschen Juden ein Mindestmaß an Respekt zustehe. Für all diese Beispiele gilt, wie auch für die organisierten Widerstandshandlungen deutscher Juden, dass sich Unterschiede zwischen Männern und Frauen kaum mehr ausmachen lassen. Mehr noch, besonders bei jenen Gruppen, die über reine Freundschafts- und Solidarkreise hinaus den Mut besaßen, weitergehende Widerstandsakte zu planen, scheint es gerade das Zusammenwirken von Frauen und Männern, die vielfältigen Freundschafts-, Verwandtschafts- und Liebesbeziehungen gewesen zu sein, die diese zumeist jungen Menschen miteinander verbanden und dazu befähigten, in Zeiten äußerster Bedrohung für sich und andere einzustehen. Dies gilt für den »Chug Chaluzi«, eine gemeinsam untergetauchte Gruppe von jüdischen und »halbjüdischen« Jugendlichen ebenso wie für die »Gemeinschaft für Frieden und Aufbau«, die aus Juden und Nichtjuden aller politischen Richtungen bestand, und schließlich auch für die bekannteste unter ihnen, die »Gruppe um Herbert Baum (1912-1942)«, die aus zeitgenössischer Sicht vermutlich mit ebensolcher Berechtigung als Gruppe um Sala Rosenbaum-Kochmann (1912-1942), Marianne Prager-Joachim (1921-1943) oder Marianne Cohn-Baum (1912-1942) hätte bezeichnet werden können.

Von der Katastrophe zu neuer Vielfalt

Als die Rote Armee am 2. Mai Berlin befreit hatte, waren fast alle Frauen und Männer der Kerngruppe um Herbert Baum ermordet worden, die Mehrheit der oftmals aus »Mischfamilien« stammenden Jungen und Mädchen im »Chug Chaluzi« und in der »Gemeinschaft für Frieden und Aufbau« hatten dagegen überlebt – zusammen mit ungefähr 15.000-18.000 deutschen Jüdinnen und Juden, von denen ebenfalls mehr als zwei Drittel durch einen »arischen« Ehepartner oder Elternteil von der Deportation verschont geblieben waren. Die übrigen, ca. drei- bis fünftausend Menschen, hatten bis zum Ende der NS-Herrschaft in irgendeiner Form in der Illegalität durchhalten können, ohne entdeckt und denunziert zu werden, allerdings war dies nur eine Minderheit all jener, die auf die eine oder andere Art und Weise versucht hatten unterzutauchen. Will man die Überlebenschancen nach dem Geschlecht ausloten, so ist man angesichts der verfügbaren, ungefähren Zahlen auf Schätzungen und Vermutungen angewiesen: Sowohl in der Illegalität als auch in »Mischehen« scheinen Frauen etwas bessere Überlebensmöglichkeiten gehabt zu haben, letzteres aufgrund der nationalsozialistischen Privilegierung jener Ehen, bei denen der »arische« Teil männlich war bzw. umgekehrt aufgrund des höheren Scheidungsanteils »arischer« Frauen, die damit letztlich ihre jüdischen Männer der Deportation auslieferten.

Hatten also auf deutschem Boden vermutlich mehr Frauen überlebt, so waren unter den ca. 9.000 deutschen Überlebenden der Lager und den ca. 9.000 Remigranten, die in den ersten Wochen und Monaten nach der Befreiung in das zerstörte Land zurückkehrten, mit Sicherheit mehr Männer. Zusammen bildeten diese Menschen den Rest des deutschen Judentums: eine stark überalterte Gruppe, in der es kaum Kinder gab und die während der vergangenen Jahre völlig unterschiedliche Verfolgungserfahrungen hatte machen müssen.

Lediglich letzteres verband sie mit jenen Juden, die schon bald die große Mehrheit in Deutschland bilden sollten: den sogenannten *Displaced Persons* (DPs). Als solche wurden alle Staatsangehörigen alliierter Länder bezeichnet, die sich nach Kriegsende außerhalb ihrer Heimatstaaten aufhielten. Im Mai 1945 waren dies in Deutschland insgesamt ca. acht Millionen Menschen: Zwangsarbeiter, Kriegsgefangene sowie ca. 70-90.000 jüdische Überlebende der Vernichtungslager, von denen jedoch ca. 20.000 in den Tagen und Wochen nach der Befreiung an den Folgen der Haft verstarben. Im Gegensatz zu den übrigen nichtjüdischen DPs, die nach und nach repatriiert wurden, besaßen die Juden subjektiv keine Heimat mehr, in die sie zurückkehren konnten, im Gegenteil: Spätestens nach dem Pogrom in Kielce im Sommer 1946 stieg die Zahl der Flüchtlinge aus Osteuropa dramatisch an, darunter befanden sich als größte Gruppe jene 200.000 Jüdinnen und Juden, die nach der Teilung Polens in die Sowjetunion geflüchtet und nach Kriegsende repatriiert worden waren. Insgesamt, so schätzt man, haben sich in den Jahren zwischen 1945 und 1948 mindestens eine Viertelmillion jüdischer Überlebender in Deutschland aufgehalten. Im Jahre 1947 z.B. zählte man ca. 182.000 jüdische DPs, die fast alle in der amerikanischen Zone lebten, wo mit Feldafing, Föhrenwald und Landsberg am Lech die größten DP-Lager entstanden waren.

Es dauerte eine ganze Weile, bis sich die Lebensbedingungen in diesen großen Lagern halbwegs normalisierten, stabilisierten und sich so etwas wie ein »Lagerleben« mit interner Autonomie, religiösem Leben, Kultur und Sport, Schulen und Zeitungen entwickeln konnte. Diese Inseln osteuropäisch-jüdischen Lebens hatten mit den vereinzelten deutschen Juden wenig bis gar nichts zu tun, von denen man sich im Übrigen nicht nur durch Sprache und Tradition unterschied: Die Menschen, die nach dem großen Morden im Land der Täter gestrandet waren und hier eine Zeit lang lebten, waren jung, zwischen fünfzehn und 45 Jahre alt, und es gab deutlich mehr Männer als Frauen unter ihnen. Israel Kaplan, selbst Überlebender, hat dieses »Häufchen Juden, diese mit dem Leben davongekommenen Scherben tausender zerschmetterter Gemeinden« eindrucksvoll beschrieben: »Hier leben keine ganzen und unversehrten Familien, keine Menschen aus denselben Städten oder auch nur Ländern. Ein Durcheinander einsamer Individuen. Nicht wenige unter ihnen sind die letzten Überlebenden von hundertköpfigen Familien, einer Stadt oder sogar eines ganzen Landstriches.«[57] Dieses Zitat lässt erahnen, was die vor allem ab 1946 eintreffenden Evakuierten aus der Sowjetunion, unter denen sich auch zahlreiche Familien befanden, bei den Lagerüberlebenden an vermutlich ambivalenten Gefühlen auslösten: Ihnen bot sich, so ein Bericht des Joint, »nun der Anblick eines wandelnden Wunders – Vollständige jüdische Familien, mit Vater, Mutter und Kindern«.[58]

Die intakte jüdische Familie, oder besser: überhaupt eine jüdische Familie wurde für hunderttausende tief traumatisierter Frauen und Männer nach der Befreiung, nach Jahren der Demütigung und Verfolgung, nach der Ermordung von Angehörigen und Freunden zu *dem* übermächtigen Symbol des Überlebens. Die Zahl der Eheschließungen und die der Neugeborenen schoss in den ersten Nachkriegsjahren in den DP-Camps in die Höhe, so dass dort mit geschätzten 30-35 pro Tausend die höchsten Geburtenraten der westlichen Welt verzeichnet wurden: Ein Drittel der Frauen dort zwischen 18 und 45 war 1946 schwanger oder hatte bereits ein Baby, so dass die Zahl der Kinder zwischen ein und fünf Jahren in der amerikanischen Zone im selben Jahr von 120 auf 4431 anstieg. Die vielen Beobachtern und Betreuern fast manisch erscheinende »Hypersexualität« unter den Überlebenden besaß, dies hat Atina Grossmann herausgearbeitet, für beide Geschlechter sowohl psychische als auch physische Dimensionen: Die jungen Männer und Frauen sehnten sich nach Zugehörigkeit und Liebe, wollten ihre nicht gelebte Jugend nachholen und durch die Wieder- oder Neugründung von Familien eine Kontinuität zu ihren ermordeten Angehörigen schaffen. Gleichzeitig galt es, die Kontrolle über die jahrelang geschundenen Körper wiederzuerlangen und die allseits vorhandenen Ängste

---

[57]   Israel Kaplan, Hayflekh Shpliters, München 1948, zitiert nach: Michael Brenner (Hg.), Geschichte der Juden in Deutschland von 1945 bis zur Gegenwart, München 2012, S. 81.

[58]   JDC Digest 5/5 (Juli 1946), S. 1, zitiert ebd., S. 93.

zu überwinden, dass die Lagerhaft Impotenz und Sterilität zur Folge gehabt haben könnte. Durch die Zeugung eines gesunden Kindes wurde zumindest der eigene Körper wieder »normal« – auch wenn die Vorerfahrungen von Männern und Frauen hier bedeutsame Unterschiede aufwiesen: Für zahlreiche überlebende Frauen war erzwungene, gewalttätige Sexualität zentraler Teil der Verfolgungserfahrung gewesen, aber auch des Überlebens – und dies durchaus noch *nach* der Befreiung. Diese Erfahrungen und ihre Bedeutung für die Gegenwart waren nach dem Krieg nicht kommunizierbar – und nur wenige Frauen fanden Jahrzehnte später die Kraft, darüber zu berichten. Dies wiederum gilt auch für Männer, von denen viele ebenfalls sexueller Gewalt ausgesetzt gewesen waren und bis heute darüber schweigen. Direkt nach dem Krieg jedoch scheint sich ihr Bedürfnis nach Rache unter anderem in sexueller Form geäußert zu haben, in der Genugtuung, mit deutschen Frauen nun deutlich asymmetrische Beziehungen eingehen zu können, die das gesamte Spektrum von Vergewaltigungen bis hin zu Liebesbeziehungen abgedeckt haben werden.

Für jüdische Frauen dagegen – und vermutlich auch für ihre Männer – waren die »Babyparaden« in den DP Camps und deutschen Städten eine indirekte Form »genealogischer und biologischer Rache« (Grossmann), der Beweis dafür, dass man überlebt und die Deutschen nicht gesiegt hatten. Zudem wurden den meist völlig überforderten Frauen seitens der UN-Flüchtlings-Hilfsorganisation UNRRA deutsche Dienst- und Kindermädchen zur Verfügung gestellt, was nach außen hin vielfach als »Statussymbol« galt. Angesichts der oftmals desaströsen körperlichen wie seelischen Verfasstheit der jungen Mütter (und Väter) waren diese Arrangements jedoch eine schiere Notwendigkeit, die zu komplizierten, von gegenseitiger Abhängigkeit gekennzeichneten deutsch-jüdischen Beziehungen führten, die sicher nicht zufällig allseits schnell in Vergessenheit gerieten.

Sehr viel langfristiger waren dagegen die Auswirkungen der immens hohen Bedeutung von Mutterschaft und Familiengründung auf die Geschlechterverhältnisse in der DP-Gesellschaft:

Das neue jüdische Kollektiv, das dort entstand und mehrere Jahre in einer Art virtuellem Transitraum auf ein neues Leben in neuen Ländern warten musste, organisierte sich ganz traditionell in klar getrennten Bereichen für Männer und Frauen. Es waren die Männer, die das sehr bald erblühende, politische und kulturelle Leben der DP-Camps dominierten, während die Frauen vor allem mit ihren Familien beschäftigt waren. Manche von ihnen, gerade die älteren, engagierten sich in der lagerinternen Wohlfahrt und betreuten hier, sprach- und traditionskundig, die Frauen, Kinder und Jugendlichen, deren Ausbildung im Übrigen ebenfalls streng geschlechtsspezifisch organisiert war. Im Jahre 1947 hatte die zionistische Frauenorganisation WIZO bereits 4000 Mitglieder, die häufig schon vor dem Krieg für die jüdische Gemeinschaft aktiv gewesen oder Ehefrauen von Funktionären waren. Die Rückkehr zu klar konturierten Geschlechterbildern und -rollen war nun keineswegs eine jüdische Spezifität, sondern vielmehr typisch für alle, von massiven Gewalt- und Krisenerfahrungen gekennzeichneten Nachkriegsgesellschaften. Im Falle der DPs jedoch kollidierte sie mit dem zionistischen Idealbild der egalitären »Kameradschaftsehe«, das durch die aktive Beteiligung zahlreicher junger Frauen am jüdischen Widerstand für den *Yishuv* bzw. die entstehende israelische Gesellschaft geradezu ikonischen Status erreicht hatte. So mahnte denn auch der spätere Premierminister Ben Gurion anlässlich eines großen DP-Kongresses im Münchner Rathaus 1946 in harschen Worten mehr weibliche Präsenz an: »Don't the women, who endured so much and showed so much courage have anything to say here? In Palestine, I met women who fought in the ghettos. They are our greatest pride. Isn't it sad enough that you lack children? Must you in addition artificially eliminate the women and create a population of men only?«[59]

---

[59]   Zitiert nach: Atina Grossmann, Victims, Villains, and Survivors: Gendered Perceptions and Self-Perceptions of Jewish Displaced Persons in Occupied Postwar Germany, in: Dagmar Herzog (Hg.), Sexuality and Fascism, New York 2002, S. 291-318, S. 316.

Inwieweit diese Forderung unter den männlichen wie weiblichen Überlebenden einer jüdischen Gemeinschaft, in der auch vor und während des Krieges die mutigen jungen Widerstandskämpferinnen eine verschwinden kleine Ausnahmegruppe dargestellt hatten, auf große Resonanz stieß, sei dahingestellt. Sicher ist, dass die egalitären Werbe- bzw. Rekrutierungskampagnen für die zu gründende israelische Armee ab Herbst 1947 keineswegs mit Begeisterung aufgenommen wurden von den jungen Frauen und Männern, die gerade Familien gegründet hatten und nicht mehr und nicht weniger als ein »normales Leben« ersehnten.

Dennoch und trotz der schwierigen Bedingungen im neugegründeten jüdischen Staat wanderte die Mehrheit der DPs, ca. 130.000 Menschen, ab Sommer 1948 dorthin aus, Zehntausende zog es vor allem in die USA, nach Kanada und Australien, so dass im September 1948 nur noch 30.000 DPs in Deutschland registriert waren. Die DP-Camps wurden nun nach und nach geschlossen (das letzte, Föhrenwald, blieb bis 1957 bestehen) und diejenigen, die in Deutschland zurückblieben, taten dies in den seltensten Fällen aufgrund einer bewussten Entscheidung, sondern fast immer war es umgekehrt: Die Entscheidung zur Auswanderung wurde aus vielerlei Gründen, der Gesundheit, der Kinder, der Ausbildung willen, immer wieder hinausgeschoben, bis man irgendwann das Gefühl hatte, nun sei es zu spät. Zusammen mit den wenigen verbliebenen deutschen Juden, die in der britischen Zone in der Mehrheit waren, bildeten sie nun den Kern der neu entstehenden jüdischen Gemeinden auf deutschem Boden. Beide Gruppen trennten nicht nur Sprache und religiöse Tradition, sondern oftmals auch die Verfolgungserfahrung und die soziale Herkunft bzw. aktuelle Situation, was zu vielerlei Konflikten Anlass gab: Die Gemeinden in Deutschland wurden vielfach von jenen wieder aufgebaut, die vor dem Krieg kaum etwas mit der jüdischen Gemeinschaft zu tun gehabt hatten und als in Mischehe Verheiratete meist keine religiöse oder kulturelle Bindung an das Judentum aufwiesen, dafür umso mehr an ihre deutsche Heimat. Ihr Engagement in der Nachkriegszeit gründete sich dementsprechend eher auf ein Gefühl moralischer, politischer und sozialer Verantwortung, denn die physische, psychische und materielle Not unter den ehemals Verfolgten war weiterhin groß. Diese wiederum, die große Mehrheit ehemaliger DPs aus Osteuropa, saß im verhassten Land der Täter auf »gepackten Koffern« und versuchte, irgendwie den Lebensunterhalt zu verdienen. Oft ohne Schul- oder Ausbildung und ohne den Wunsch auf langfristige Etablierung führte dies viele junge DPs in jene Wirtschaftsbereiche, in denen man rasch, selbstständig und ohne viel Kommunikation, aber bei großer Selbstausbeutung zu etwas Geld kommen konnte: Gaststätten und Export-Importgeschäfte im Umfeld der US-Armee, aber auch Schneidereien und Wäschereien legten den Grundstein für zahlreiche klein- bis mittelständische Existenzen, von den nur wenige ihr Vermögen später durch den Handel mit Edelsteinen und Immobilien beträchtlich erweitern konnten. Insgesamt verbesserte sich die prekäre Lage der jüdischen Familien nur sehr langsam und erst in den 1960er Jahren sank die Zahl derjenigen, die auf Unterstützung angewiesen waren. Allerdings führte die nach dem Krieg wieder festgezurrte geschlechtsspezifische Arbeitsteilung in den Familien dazu, dass Männern und Frauen unterschiedliche Räume offenstanden und damit auch unterschiedliche Möglichkeiten, sich in ihrem neuen Leben zu etablieren. Fast immer waren die Männer für den Broterwerb zuständig, meist hatten sie schon in den DP-Camps Kontakte zur nichtjüdischen Umwelt aufgebaut, die – über Vereine und Sport beispielsweise – durchaus auch freundlicher, da freiwilliger Natur sein konnten. Ihnen stand also deutlich mehr »Welt« offen als den vielen Frauen, die sich um Haus und Kinder kümmerten und deren Beziehungen zu Nichtjuden eher zufällig vom Verhalten der Nachbarn oder Ladenbesitzer, später auch der Lehrer der Kinder geprägt waren. Inwieweit diese deutlich anders gearteten »Wege zurück ins Leben« auch entsprechend andere psychische Spuren hinterließen, lässt sich nur vermuten. In den wenigen Studien, die sich mit den psychischen Folgen der Verfolgung beschäftigen, aber auch in den Erinnerungen der Kinder ist jedenfalls auffällig häufig von kranken und depressiven, »schwierigen« Müttern die Rede und von aktiven und kommunikativen, aber oft abwesenden Vätern.

Für die kleine, meist deutsch-jüdische Minderheit von Frauen, die sich in den Gemeinden engagierte, mag dies eine gewisse Kompensation und sicher eine Erweiterung ihres Handlungsraumes dargestellt haben. Dabei ist die Kontinuität zu den Vorkriegsgemeinden in geschlechtergeschichtlicher Sicht nicht zu übersehen: Restauriert wurde zwar nicht das alte deutsch-jüdische Gemeindeleben, wohl aber die Arbeitsteilung innerhalb der Gemeinden und Organisationen: Männer übernahmen Führungspositionen und die politischen und finanziellen Ressorts, Frauen kümmerten sich um die Wohlfahrt und leiteten die Ressorts Pflege und Fürsorge, die Altenheime und die Kindergärten. Und allzu oft scheint es sich dabei um die Ehefrauen der Funktionäre gehandelt zu haben: So leitete Lilli Marx (1921-2004), die Frau des Herausgebers der »Allgemeinen Jüdischen Wochenzeitung«, Karl Marx (1897-1966), von 1950 bis 1972 die Nachfolgeorganisation des JFB, die »Jüdische Frauengemeinschaft Deutschlands«, die sie u.a. zusammen mit Ruth Galinski (*1921), der Gattin des langjährigen Zentralratsvorsitzenden Heinz Galinski (1912-1992), gegründet hatte. Und es war die Ehefrau seines Vorgängers, Frau Nachmann, die in den ersten Jahren die 1979 gegründete Hochschule für Jüdische Studien mit koscherem Essen versorgen durfte.

So verwundert es kaum, dass das jetzt mehrheitlich von orthodoxen Rabbinern bestimmte religiöse Leben der Gemeinde nun ebenfalls in recht traditionellen Bahnen verlief: Lediglich in der Frage der *Agunot*, der Frauen, deren Männer ohne Nachricht vermisst (und vermutlich ermordet) waren, hatte man sich nach dem Krieg pragmatisch gezeigt und zahlreiche Wiederverheiratungen gestattet. Im Übrigen aber blieb es in den Synagogen jahrzehntelang beim orthodoxen Ritus, lediglich in Saarbrücken, Berlin und Frankfurt am Main gab es liberale Alternativen.

Waren die Nachkriegsgemeinden also letztlich deutlich konservativer als vor 1933, so gab es zumindest in diesem Punkt kaum Unterschiede zwischen Ost- und Westdeutschland. Da es in die

SBZ so gut wie keine Zuwanderung aus Osteuropa gegeben hatte, bestanden die Gemeinden hier fast ausschließlich aus den wenigen »Untergetauchten«, einigen KZ-Überlebenden und »Mischfamilien«, insgesamt waren dies etwa 4500 Personen im Jahre 1946. Während der antisemitisch grundierten Säuberungen in mehreren Ländern des entstehenden »Ostblocks« flüchteten zahlreiche Gemeindemitglieder, darunter fast die gesamte Führung, in den Westen. Zurück blieb eine kleine Gemeinschaft, die sich auf wenige Städte verteilte und 1990 nur noch knapp vierhundert, meist sehr alte Mitglieder zählte. Allerdings lebten Tausende jüdische Männer und Frauen in der DDR, ohne – als überzeugte Kommunisten – der Religionsgemeinde beizutreten: ihre jüdische Identität, ihre familiären Bindungen und ihre spezifischen Verfolgungserfahrungen behandelten sie als Privatsache. Es waren die Söhne und Töchter aus diesen jüdisch-kommunistischen Familien, die sich 1986 in Ost-Berlin unter dem Dach der jüdischen Gemeinde trafen, um sich darüber auszutauschen, was Judentum traditionell, aber auch aktuell für sie persönlich bedeuten könnte. Der Name »Wir für uns« sollte genau dies signalisieren: Die Suche nach einem eigenen, DDR-spezifischen und nichtreligiösen Weg zu einer pluralistisch gedachten Identität, ein Prozess, der jedoch durch den Mauerfall jäh unterbrochen wurde. Nun gab es plötzlich ganz andere Möglichkeiten der politisch-identitären Verortung und »Judentum« verlor den Nimbus der Dissidenz, so dass vor allem Männer das Interesse an dieser Form der außergemeindlichen Auseinandersetzung mit dem Judentum rasch verloren.

Für alle, jüdische Frauen wie Männer in der DDR und in der Bundesrepublik (und wie im Deutschland der Vorkriegsjahre) galt ganz allgemein, dass sich die geschlechtsspezifischen Rollenmuster und -möglichkeiten der der jeweiligen Mehrheitsgesellschaft anpassten: Während also in der DDR Frauen und Männer berufstätig waren, was vielfache Auswirkungen sowohl auf die Binnenstruktur der Familien als auch auf die gesellschaftlichen Aufstiegsmöglichkeiten hatte, blieb in Westdeutschland das Modell der Hausfrauenehe bis weit in die 70er Jahre hinein dominant.

Ein Thema jedoch war in beiden deutschen Staaten spezifisch jüdisch, wobei es jedoch nur im Westen als Dauerproblem thematisiert wurde: Die immer noch sogenannte »Mischehe« und damit verbunden, aber anders als in der Vorkriegszeit: die Konversion *zum* Judentum.

Schon in den DP-Camps hatte es darüber erbitterte Debatten gegeben: Denn die jungen jüdischen Männer gingen nach der Befreiung nicht nur instrumentelle Verbindungen mit deutschen Frauen ein, sondern oft verliebte man sich, trotz des sozialen Stigmas, das diese Beziehungen von Anfang an begleitete. So wurden in manchen Lagern zum Beispiel die Namen der »Abtrünnigen« auf Listen veröffentlicht und man konnte keinen Posten in der Leitung innehaben, wenn man mit einer Nichtjüdin liiert war. Bis 1950 soll es trotzdem ca. 1000 solcher Ehen gegeben haben, wobei all jene, vermutlich zahlreichen Fälle nicht mitgezählt sind, bei denen die Frauen vor der Heirat konvertierten. Während dies von den meisten Rabbinern in den DP-Camps kategorisch abgelehnt wurde, trafen diese Paare bei Aaron Ohrenstein (1908-1986), aber auch bei manchen Militärrabbinern der US-Armee auf mehr Verständnis, und dies umso mehr, wenn es sich um eine der klassischen »Nachkriegsmischehen« handelte: eine Krankenschwester, die einen Lagerüberlebenden gesund gepflegt hatte. Aufgrund der geringen Toleranz in der DP-Gesellschaft wanderten die meisten Paare nach 1948 aus, aber das »Mischehen«-Problem blieb den Gemeinden erhalten und sie gingen sehr unterschiedlich damit um. Insgesamt neigte man zwar dazu, den in »Mischehe« verheirateten Mitgliedern eine Funktion in der Gemeinde zu untersagen, dies war aber in den deutsch-jüdisch dominierten Gemeinden äußerst heikel, denn ein Großteil jener Männer, die diese nach dem Krieg wieder aufbauten, hatten nur durch den Schutz ihrer nichtjüdischen Ehefrauen überhaupt überlebt. Insofern war man seitens des Gemeindeestablishments in dieser Frage tendenziell toleranter als das Rabbinat und setzte sich für eine großzügigere Handhabung von Konversionen ein, was immer wieder zu erbitterten Konflikten führte.

Die 1957 gegründete Rabbinerkonferenz hatte 1961 eine Kommission eingesetzt, die sich eigens mit den Konversionen (*Gerut*) befassen sollte und dies traditionell streng handhabte. Aus religiöser Sicht interessierten die vielfältigen sozialen Gründe für eine Konversion wenig, sondern lediglich der Nachweis von Observanz und jüdischem Wissen. Dabei ging es ganz grundsätzlich um die Wiedererlangung der religiösen Deutungshoheit und später zunehmend um die Stärkung orthodoxer Positionen gegenüber den wachsenden liberalen Tendenzen in den Gemeinden. Allerdings konnte man sich, wie schon im 19. Jahrhundert, deren Argumenten nicht ganz entziehen, wenn z.B. die »Rettung der (Mischehen-)Kinder für das Judentum« ins Felde geführt wurde oder ganz generell der Wiederaufbau der Gemeinden durch möglichst viele jüdische Familien. Während genaue Zahlen für die frühen Jahre fehlen, konnte eine Untersuchung von 345 Konversionsanträgen, die zwischen 1953 und 1967 gestellt wurden, nachweisen, dass zwei Drittel der Antragstellerinnen Frauen waren und ihr Anteil unter den schließlich durchgeführten Übertritten (60 von 73) sogar noch höher lag – fast immer handelte es sich dabei um den weiblichen Teil schon bestehender und gut in das Gemeindeleben integrierter Ehen. Während die um Konversion ersuchenden Frauen, darunter die schon erwähnten Krankenschwestern, aber auch viele Sekretärinnen und Verkäuferinnen, dies fast immer »aus Liebe« taten, finden sich die seltenen »politischen« Motive – »Wiedergutmachung«, Bewunderung für Israel, etc. – eher in den Anträgen von meist bürgerlichen Männern, die allesamt abgelehnt wurden. Leider gibt es keine Untersuchung über die Motivlage konversionswilliger Männer und Frauen aus späteren Jahrzehnten, was umso bedauerlicher ist, da sich das mit einem wie auch immer gearteten »Jüdisch-Sein« verbundene »kulturelle Kapital« seit den achtziger Jahren deutlich verändert haben dürfte – allerdings gibt es Anzeichen dafür, dass die Faszination einer Identifikation mit dem Judentum heute ein tendenziell eher weibliches Phänomen ist.

Die Konversion zum Judentum betraf also zumindest in den ersten Jahrzehnten, wie schon vor 1933, vor allem christliche Frau-

en, während die »Mischehen«-Diskussion weiterhin vor allem aus
männlich-jüdischer Sicht geführt wurde, was sicher nicht zuletzt
mit der halachischen Bedeutung der jüdischen Mutter zusam-
menhing und -hängt. Inwieweit der Druck zur innerjüdischen
Heirat auf die Töchter der sogenannten zweiten Generation angesichts der Katastrophe der Shoah größer war als auf die Söhne,
lässt sich nur vermuten. In einem Interview mit der Illustrierten
»Stern« aus dem Jahre 1978 gaben acht junge Jüdinnen genau
dies, großen Druck und massive Schuldgefühle, unter der treffen-
den Überschrift »Alles, nur kein deutscher Mann« zu Protokoll.
Jüdische Männer wurden allerdings gar nicht erst befragt und
letztlich heirateten zwei Drittel aller jungen Juden und Jüdinnen
zwischen 1973 und 1981 einen nichtjüdischen Partner.[60]

Dies macht deutlich, warum die »Mischehenfrage« in den Gemeinden weiterhin virulent blieb, nun aber, in den siebziger und
achtziger Jahren als Teil eines allgemeinen Generationskonflikts,
der die jüdische Gemeinschaft ebenso erfasste wie die westdeut-
sche Gesellschaft seit Ende der sechziger Jahre, wenngleich mit
leichter zeitlicher Verzögerung. Noch Mitte der sechziger Jahre
schien alles recht eindeutig: Die zionistische Kinder- und Jugend-
erziehung hatte Früchte getragen und die große Mehrheit der
Jugendlichen wollte nach Israel auswandern. Viele taten dies
auch und einige kehrten desillusioniert zurück. Insofern war eine
kritische Haltung zu Israel, vor allem nach dem Sechs-Tage-
Krieg, aber auch zur Leitung der Gemeinden bzw. zum Zentralrat mit seiner Staatsnähe, seiner dem deutschen politischen Es-
tablishment gegenüber allzu konzilianten Haltung das jüdische
Spezifikum der allgemeinen Jugendrevolte um 1968. Diese erfasste auch die junge Generation der jüdischen Gemeinschaft in
Deutschland, die Söhne und Töchter der Überlebenden, der DPs
und Remigranten. Wie in der Gesamtbevölkerung war der aktive
Part dabei der akademischen Jugend vorbehalten, und hier vor
allem dem 1968 gegründeten »Bundesverband Jüdischer Studenten«, aber der kulturelle Umschwung war insgesamt spürbar.

---

[60]   Vgl. Brenner, S. 298.

Das Zentrum der rebellischen jüdischen Jugend lag in Frankfurt am Main, die Kernthemen des innerjüdischen Generationskonflikts betrafen jedoch alle Gemeinden: Die »Jugendfrage« nannte man es seitens der älteren Führungsriege und versuchte dem, wie schon in der Weimarer Republik, durch pädagogische und kulturelle Angebote zu begegnen. Aus Sicht der Jugend, oder besser: jener Minderheit der politisierten jungen Männer und Frauen, die sich noch in den Gemeinden engagieren wollten, ging es um Demokratie, Mitbestimmung, und *last but not least* um die Akzeptanz gemischter Ehen und deren Nachkommenschaft. Aus geschlechtergeschichtlicher Perspektive verhandelte diese Generation dieselben Themen wie die nichtjüdischen »Achtundsechziger«: An den politischen Diskussionen und Neugründungen hatten Frauen zumindest theoretisch gleichberechtigten Anteil, sie kandidierten auf der »Neuen Jüdischen Liste« für die Repräsentantenversammlungen und als Feministinnen kämpften sie ebenfalls gegen privates wie öffentliches männliches Dominanzgebaren. Insgesamt jedoch kann man sich des Eindrucks nicht erwehren, dass sich die intellektuelle Elite der nach dem Krieg geborenen jüdischen Frauen und Männer nach den hoffnungsvollen Aufbrüchen der siebziger und achtziger Jahre bis auf wenige Ausnahmen – Micha Brumlik (*1947) – aus dem Leben der offiziellen jüdischen Einrichtungen der Bundesrepublik zurückgezogen hat und sich stattdessen eher im kulturellen – Cilly Kugelmann (*1947), Rachel Salamander (*1949) –, künstlerischen – Barbara Honigmann (*1949), Esther Dischereit (* 1952) –, politisch-publizistischen – Michel Friedman (*1944), Hendryk M. Broder (*1946) – oder wissenschaftlichen – Y. Michal Bodemann (*1944), Dan Diner (* 1946) – Bereich für jüdische Themen und Belange engagiert.

In den späten achtziger Jahren hatte also in beiden Teilen Deutschlands eine gewisse Pluralisierung jüdischen Lebens eingesetzt, von der die Gemeinden jedoch kaum berührt wurden. In der DDR waren deren Mitgliederzahlen auf wenige hundert gesunken, in der Bundesrepublik waren sie nach langen Jahren der Stagnation durch einen kleinen, aber beständigen Strom von Zuwanderern aus der Sowjetunion seit den siebziger Jahren leicht angestiegen, lagen aber immer noch unter 30.000. Es ist ironischerweise der letzten Regierung der DDR zu verdanken, dass sich dies nach 1990 durch die massive Einwanderung aus den Ländern der ehemaligen Sowjetunion dramatisch veränderte. Das Bundestagsgesetz von Januar 1991 baute auf einem Volkskammerbeschluss vom Sommer 1990 auf und sah die Aufnahme von Juden nun unter dem Sonderstatus des »Kontingentflüchtlings« vor. Dies ermöglichte in den folgenden Jahren die Einwanderung von 200.000-300.000 Menschen, von denen sich keineswegs alle den jüdischen Gemeinden anschlossen bzw. überhaupt Juden waren, denn vielfach handelte es auch hier um »gemischte« Familien. Angesichts der nicht religiösen, sondern ethnischen Definition von »jüdischer Herkunft« in der Sowjetunion kam es hinsichtlich der Zugehörigkeit der Einwanderer zu zahlreichen Auseinandersetzungen mit den religiösen Autoritäten. Dennoch schlossen sich ca. ein Drittel von ihnen den jüdischen Gemeinden an, wo sie heute ca. 80 Prozent der über 100.000 Mitglieder ausmachen. Hat die Zuwanderung also – trotz aller sozialen und kulturellen Konflikte innerhalb der Gemeinden – das jüdische Leben in Deutschland konsolidiert, so ist dies aus Sicht der betroffenen Menschen keineswegs nur eine Erfolgsgeschichte, sondern stellt sich je nach Generation und Geschlecht recht unterschiedlich dar: Für die »Großeltern«, die über Sechzigjährigen, dies waren z.B. in Berlin 27 Prozent der Zuwanderer, bedeutete der Schritt in den Westen einen immensen Statusverlust – und zwar für beide Geschlechter. In dieser Generation waren Männer wie Frauen berufstätig und relativ gleichgestellt gewesen und zwar gerade in den akademischen Berufen, in denen der Großteil der Zuwanderer gearbeitet hatte. Als ältere Menschen besaßen sie kaum noch eine Chance sich zu integrieren, gleichzeitig standen sie, die den Zweiten Weltkrieg noch erlebt hatten, dem neuen Land ohnehin sehr viel skeptischer gegenüber als ihre Kinder und Enkelkinder. Die Veteranenfeiern und der Stolz, dieses Land besiegt und »die deutschen Juden« befreit zu haben, bieten zumindest einmal im Jahr eine kleine Kompensation, an der Männer und Frauen gleichermaßen partizipieren können, hatten doch auch jüdische Frauen in der Rotem Armee gekämpft.

Auch in der Generation der »Eltern« besaßen zahlreiche Männer wie Frauen eine akademische Ausbildung, aber die wenigsten konnten wieder in ihren Berufen arbeiten. Hier jedoch war der Statusverlust für Mütter deutlich größer als für die Väter, denn sie blieben – nicht untypisch für Einwandererfamilien allgemein – eher zu Hause: 2003 war die Hälfte der Männer, aber zwei Drittel der Frauen in den russisch-jüdischen Familien arbeitslos, zehn Jahre später gingen drei Viertel der Väter einer Berufstätigkeit nach, aber nur ungefähr die Hälfte der Mütter. Es waren die Kinder, für deren Zukunft man all das auf sich genommen hatte und denen es oblag, die Träume der Großeltern und Eltern von einem besseren Leben zu erfüllen – ein Auftrag, so der Eindruck, an Söhne und Töchter gleichermaßen, dem diese in beeindruckender Weise gerecht werden. Achtzig Prozent der Kinder aus den russisch-jüdischen Zuwandererfamilien haben Abitur, die große Mehrheit gehört der akademisch gebildeten Mittelschicht an: Diese junge Männer und Frauen sind selbstbewusster Teil des wirtschaftlichen, politischen wie kulturellen Lebens des Landes. Aber auch hier gilt, dass sich nur ein sehr kleiner Teil von ihnen innerhalb der institutionalisierten jüdischen Gemeinschaft engagiert; allerdings leben umgekehrt gerade die in den letzten Jahren neu entstandenen religiösen Ausbildungsstätten jedweder Ausrichtung von den Kindern, vor allem den jungen Frauen aus den russisch-jüdischen Zuwandererfamilien.

Insgesamt haben die Einwanderung aus der Sowjetunion, aber auch Einflüsse aus den USA, zu einer erheblichen Pluralisierung des jüdischen Lebens in Deutschland beigetragen. Diese Entwicklung wiederum geht einher mit einer langsamen, aber doch unübersehbaren Zunahme weiblicher Präsenz in den Gemeinden, für die symbolisch sicherlich Charlotte Knobloch (*1932) steht, die zwischen 2006 und 2010 den Zentralrat leitete und damit als erste Frau überhaupt einer nationalen jüdischen Institution in Deutschland vorstand. In der Breite jedoch sind es ganz unterschiedliche Gruppen und Personen, die eine gleichberechtigte Teilhabe in allen Bereichen des Gemeindelebens einfordern: Männer und Frauen, die die egalitären Gottesdienste in vielen Städten besuchen, Rabbinerinnen und Kantorinnen, die es in manchen Gemeinden gibt, oder die im Verein »Bet Debora« seit 1998 organisierten jüdischen Feministinnen. Viele von ihnen beziehen sich dabei direkt auf Vorbilder und Traditionen des späten 19. und frühen 20. Jahrhunderts, wie z.b. auf die 1944 in Auschwitz ermordete erste deutsche Rabbinerin Regina Jonas. Ähnliche Rückbezüge auf die deutsch-jüdische Vergangenheit finden sich auch in dezidiert männlich-jüdischen, auf soziale wie politische Anerkennung zielenden Zusammenschlüssen wie z.b. dem seit 2006 bestehenden »Bund jüdischer Soldaten«, der die bislang sehr wenigen jüdischen Soldaten in der Bundeswehr vertritt.

Insofern könnte man sich, ebenfalls vor dem Hintergrund der Entwicklung im langen 19. Jahrhundert, die Frage stellen, inwieweit es für die weiblichen Angehörigen einer Minderheit tendenziell notwendiger ist, Gleichberechtigung zunächst *innerhalb* der eigenen Gruppe anzustreben, während sich männliche Selbstbehauptungskämpfe schneller auf die umgebende Gesellschaft richten können. Umgekehrt gilt es zu fragen, welche Differenzmerkmale – Jude oder Mann, Jüdin oder Frau – vom sozialen Umfeld wann und wie wahrgenommen werden und welche nicht. Um ein Beispiel aus der politischen Sphäre zu nehmen: Michel Friedman ist, in seiner Rolle als Politiker und Talkmoderator, vor allem Jude, während Marina Weisband (* 1987) in erster Linie das weibliche Gesicht einer neuen Partei darzustellen hatte bzw. darstellen wollte. Zumindest so viel lässt sich sagen: In einer multiethnischen pluralen Gesellschaft, in der auch die Gleichberechtigung der Geschlechter in vielen Bereichen vergleichsweise weit vorangetrieben ist, existieren vielfältige Möglichkeiten der identitären Selbstverortung für Jüdinnen und Juden, was allerdings umgekehrt nicht bedeutet, dass man sich dem Druck der Zuordnung, den sozialen »Platzanweisungen« jeweils völlig entziehen kann. Der historische Rückblick jedoch kann dazu dienen, die Mechanismen dieser »Platzanweisungen«, für Männer wie für Frauen jedweder Herkunft zu erkennen, zu kritisieren – und damit auch zu verändern.

Literaturverzeichnis

Benjamin M. Baader, From the »Priestess of the Home« to »The Rabbi's Brilliant Daughter«, in: LBI Year Book 43 (1998), S. 47-72.

Ders., Gender, Judaism, and Bourgeois Culture in Germany, 1800-1870, Bloomington 2006.

Ders./Sharon Gillerman/Paul Lerner (Hg.), Jewish Masculinities. German Jews, Gender and History, Bloomington 2012.

Lina Barner, Von Irmgard zu Irith. Konversionen zum Judentum im Deutschland der 1950er und 1960er Jahre, unv. Magisterarbeit, LMU München 2008.

Ulrich Baumann, Zerstörte Nachbarschaften. Christen und Juden in badischen Landgemeinden 1862-1940, Hamburg 2000.

Dmitrij Belkin/Raphael Gross (Hg.), Ausgerechnet Deutschland! Jüdisch-russische Einwanderung in die Bundesrepublik, Frankfurt a. M. 2010.

Mechthild Bereswill/Leonie Wagner (Hg.), Bürgerliche Frauenbewegung und Antisemitismus, Tübingen 1998.

Michael Berger, Eisernes Kreuz und Davidstern, Die Geschichte jüdischer Soldaten in deutschen Armeen, Berlin 2006.

Werner Bergmann, Das antisemitische Bild vom jüdischen Soldaten von der Emanzipation bis zum Ersten Weltkrieg am deutschen Beispiel, in: Weltuntergang. Jüdisches Leben und Sterben im Ersten Weltkrieg, hg. von Marcus G. Patka im Auftrag des Jüdischen Museums Wien, Wien 2014, S. 52-60.

Gisela Bock (Hg.), Genozid und Geschlecht. Jüdische Frauen im nationalsozialistischen Lagersystem, Frankfurt a. M. 2005.

Y. Michal Bodemann/Micha Brumlik (Hg.), Juden in Deutschland – Deutschland in den Juden. Neue Perspektiven, Göttingen 2010.

Daniel Boyarin, Unheroic Conduct. The Rise of Heterosexuality and the Invention of the Jewish Man, Berkeley 1997.

Andreas Brämer, Die jüdische Beschneidungsfrage in Deutschland um 1850, in: Johannes Heil/Stephan J. Kramer (Hg.), Beschneidung: Das Zeichen des Bundes in der Kritik. Zur Debatte um das Kölner Urteil, Berlin 2012, S. 36-40.

Michael Brenner (Hg.), Geschichte der Juden in Deutschland von 1945 bis zur Gegenwart, München 2012.

Bernhard Breslauer, Zurücksetzung der Juden an den Universitäten Deutschlands, Berlin 1911.

Henryk M. Broder/Michel R. Lang (Hg.), Fremd im eigenen Land. Juden in der Bundesrepublik, Frankfurt a. M. 1979.

Micha Brumlik, Kein Weg als Deutscher und Jude. Eine bundesrepublikanische Erfahrung, München 2000.

Matti Bunzl, Theodor Herzl's Zionism as Gendered Discourse, in: Theodor Herzl and the Origins of Zionism, in: Ritchie Robertson/Edward Timms (Hg.), Edinburgh 1997, S. 74-86.

Gregory A. Caplan, Germanising the Jewish Male: Military Masculinity as the Last Stage of Acculturation, in: Rainer Liedtke/David Rechter (Hg.), Towards Normality? Acculturation and Modern German Jewry, Tübingen 2003, S. 159-184.

Julius Carlebach (Hg.), Zur Geschichte der jüdischen Frau in Deutschland, Berlin 1993.

Nelly Elias, Living in Germany, longing for Israel: The old Jewish immigrants from the FSU in Germany, in: Eastern European Jewish Affairs 35/2 (2005), S. 167-187.

Mordechai Eliav, Jüdische Erziehung in Deutschland im Zeitalter der Aufklärung und der Emanzipation, Münster 2001.

Simone Erpel, Struggle and Survival. Jewish Women in the Anti-Fascist Resistance in Germany, in: LBI Year Book 37 (1992), S. 397-414.

Maya Fassmann, Jüdinnen in der deutschen Frauenbewegung 1865-1919, in: Julius Carlebach (Hg.), Zur Geschichte der jüdischen Frau in Deutschland, Berlin 1993, S. 147-165.

Shmuel Feiner, Haskala – Jüdische Aufklärung. Geschichte einer kulturellen Revolution, Hildesheim 2007.

Frevert, Ute: Frauen-Geschichte, Zwischen Bürgerlicher Verbesserung und Neuer Weiblichkeit, Frankfurt a. M. 1986.

Dies., Die kasernierte Nation. Militärdienst und Zivilgesellschaft in Deutschland, München 2001.

Miriam Gebhardt, Das Familiengedächtnis. Erinnerung im jüdischen Bürgertum 1890-1932, Stuttgart 1999.

Abraham Geiger, Die Stellung des weiblichen Geschlechtes in dem Judenthume unserer Zeit, in: Wissenschaftliche Zeitschrift für jüdische Theologie 3 (1837), S. 1-14.

Jay H. Geller, Jews in Post-Holocaust Germany, 1945-1953, Cambridge 2005.

Sharon Gillerman, The Crisis of the Jewish Family in Weimar Germany, in: Michael Brenner/Derek J. Penslar (Hg.), In Search of Jewish Community. Jewish Identities in Germany and Austria, 1918-1933, Bloomington 1998, S. 176-199.

Dies., More than Skin Deep. Histories of the Modern Jewish Body, in: The Jewish Quarterly Review 95 (2005), S. 470-478.

Sander L. Gilman, The Jew's Body, London 1991.

Die Memoiren der Glückel von Hameln (aus dem Jüdisch-Deutschen von Bertha Pappenheim), Weinheim 2005.

Andreas Gotzmann/Rainer Liedtke/Till van Rahden (Hg.), Juden, Bürger, Deutsche. Zur Geschichte von Vielfalt und Differenz 1800-1933, Tübingen 2001.

Heinrich Graetz, Geschichte der Juden. Von den ältesten Zeiten bis auf die Gegenwart, Bd. 11, Leipzig 1870.

Karl Wilhelm Friedrich Grattenauer, Wider die Juden, ein Wort der Warnung, Berlin 1803.

Raphael Gross, November 1938. Die Katastrophe vor der Katastrophe, München 2013.

Atina Grossmann, Victims, Villains, and Survivors. Gendered Perceptions and Self-Perceptions of Jewish Displaced Persons in Occupied Postwar Germany, in: Dagmar Herzog (Hg.), Sexuality and German Fascism, New York/Oxford 2002, S. 291-318.

Dies., Juden, Deutsche, Alliierte. Begegnungen im besetzten Deutschland, Göttingen 2012.

Wolf Gruner, »The Germans Should Expel the Foreigner Hitler...« Open Protest and Other Forms of Jewish Defiance in Nazi Germany, in: Yad Vashem Studies 39 (2011), S. 13-53.

Karen Hagemann, »Mannlicher Muth und teutsche Ehre«. Nation, Militär und Geschlecht zur Zeit der antinapoleonischen Kriege Preußens, Paderborn 2002.

Karin Hausen, »... eine Ulme für das schwanke Efeu». Ehepaare im deutschen Bildungsbürgertum. Ideale und Wirklichkeiten im späten 18. und 19. Jahrhundert, in: Ute Frevert (Hg.), Bürgerinnen und Bürger, Göttingen 1988, S. 85-117.

Sabine Haustein/Victoria Hegner (Hg.), Stadt Religion Geschlecht. Historisch-ethnografische Erkundungen zu Judentum und neuen religiösen Bewegungen in Berlin, Berlin 2010.

Sonja M. Hedgepeth/Rochelle G. Saidel (Hg.), Sexual Violence against Women during the Holocaust, Waltham 2010.

Kirsten Heinsohn/Stefanie Schüler-Springorum (Hg.), Deutsch-jüdische Geschichte als Geschlechtergeschichte. Studien zum 19. und 20. Jahrhundert, Göttingen 2006, S. 45-84.

Raul Hilberg, Täter, Opfer, Zuschauer. Die Vernichtung der Juden 1933-1945, Frankfurt a. M. 1992.

Theodor von Hippel, Über die bürgerliche Verbesserung der Weiber, Berlin 1792.

Klaus Hödl, Die Pathologisierung des jüdischen Körpers. Antisemitismus, Geschlecht und Medizin im Fin de Siècle, Wien 1997.

Ursula Isselstein, Emanzipation wovon und wofür? Das Beispiel der Familie Levin aus Berlin, in: Norbert Altenhofer/Renate Heuer (Hg.), Jüdinnen zwischen Tradition und Emanzipation, Bad Soden 1990, S. 80-113.

Jessica Jacoby/Claudia Schoppmann/Wendy Zena-Henry (Hg.): Nach der Shoa geboren. Jüdische Frauen in Deutschland, Berlin 1994.

Marie Jalowicz Simon. Untergetaucht: Eine junge Frau überlebt in Berlin 1940-1945, Frankfurt a. M. 2014.

Robin Judd, Circumcision and Modern Jewish Life. A German Case Study 1843-1914, in: Elizabeth W. Mark (Hg.), The Covenant of Circumcision. New Perspectives on an Ancient Jewish Rite, Hanover 2003, S. 142-155.

David Jünger, Vor dem Entscheidungsjahr. Jüdische Emigrationsfragen im nationalsozialistischen Deutschland 1933–1938, Göttingen 2015 (im Druck).

Marion A. Kaplan, Die jüdische Frauenbewegung in Deutschland, Hamburg 1981.

Dies., Jüdisches Bürgertum. Frau, Familie und Identität im Kaiserreich, Hamburg 1997.

Dies., Geschichte des jüdischen Alltags in Deutschland vom 17. Jahrhundert bis 1945, München 2003.

Dies., Der Mut zum Überleben. Jüdische Frauen und ihre Familien in Nazideutschland, Berlin 2001.

Dies./Deborah Dash Moore (Hg.), Gender and Jewish History, Bloomington 2011.

Anthony D. Kauders, Unmögliche Heimat. Eine deutsch-jüdische Geschichte der Bundesrepublik, München 2007.

Martina Kliner-Fruck, »Es ging ja ums Überleben«. Jüdische Frauen zwischen Nazi-Deutschland, Emigration nach Palästina und ihrer Rückkehr, Frankfurt a. M./New York 1995.

Britta Konz, Ein weiblich-jüdisches »Projekt der Moderne«, in: Petra Ernst/Gerald Lamprecht (Hg.): Konzeptionen des Jüdischen. Kollektive Entwürfe im Wandel, Innsbruck 2009, S. 132-152.

Christine G. Krüger, »Sind wir denn nicht Brüder?« Deutsche Juden im nationalen Krieg 1870/71, Paderborn 2006.

Cilly Kugelmann/Hanno Loewy (Hg.), So einfach war das. Jüdische Kindheit und Jugend in Deutschland seit 1945, Berlin 2002.

Simone Lässig, Jüdische Wege ins Bürgertum, Kulturelles Kapital und sozialer Aufstieg im 19. Jahrhundert, Göttingen 2004.

Gerald Lamprecht (Hg.), »So wirkt ihr lieb und hilfsbereit...« Jüdische Frauen in der Geschichte, Graz 2009.

Eleonore Lappin/Michael Nagel (Hg.), Frauen und Frauenbilder in der europäisch-jüdischen Presse von der Aufklärung bis 1945, Bremen 2007.

Adolf Lewin, Geschichte der badischen Juden seit der Regierung Karl Friedrichs 1738-1909, Karlsruhe 1909.

Aron Liebeck, Mein Leben, unv. Ms., Königsberg 1928.

Julie Lieber, Crafting the Future of Judaism: Gender and Religious Education in Vienna 1867–1914, LBI Yearbook 55 (2010), S. 205-248.

Uta Lohmann, »Lerne Vernunft!« Jüdische Erziehungsprogramme zwischen Tradition und Modernisierung. Quellentexte aus der Zeit der Haskala, 1760-1811, Münster 2005.

Steven M. Lowenstein, The Berlin Jewish Community. Enlightenment, Family, and Crisis, Oxford 1994.

Ders., Jewish Intermarriage and Conversion in Germany and Austria, in: Modern Judaism 25 (2005), S. 23-61.

Hannah Lotte Lund: Der Berliner »jüdische Salon« um 1800. Emanzipation in der Debatte, Berlin 2012.

Gudrun Maierhof, »Ich bin stolz, Jüdin zu sein«. Der Kampf des Jüdischen Frauenbundes gegen Antisemitismus von 1904 bis 1933, in: Ariadne 23 (1993), S. 17-22.

Dies., Selbstbehauptung im Chaos. Frauen in der jüdischen Selbsthilfe 1933-1943, Frankfurt a. M. 2002.

Kirsten Meiring, Die Christlich-Jüdische Mischehe in Deutschland, 1840-1933, Hamburg 1998.

Beate Meyer, Tödliche Gratwanderung. Die Reichsvereinigung der Juden in Deutschland zwischen Hoffnung, Zwang, Selbstbehauptung und Verstrickung (1939-1945), Göttingen 2011.

Michael A. Meyer, Response to Modernity. A History of the Reform Movement in Judaism, New York 1988.

Ders./Michael Brenner (Hg.): Deutsch-Jüdische Geschichte in der Neuzeit (DJNZ), 4 Bde., München 1996-1997.

Tamara Or, Vorkämpferinnen und Mütter des Zionismus. Die deutsch-zionistischen Frauenorganisationen (1897-1938), Frankfurt a. M. 2009.

Michael Ott, »Die Macht der Verhältnisse«. Judentum, Ehre und Geschlechterdifferenz im frühen 19. Jahrhundert, in: Kati Röttger/Heike

Paul (Hg.), Differenzen in der Geschlechterdifferenz, Berlin 1999, S. 249-263.

Sebastian Panwitz, Die Gesellschaft der Freunde 1792-1935. Berliner Juden zwischen Aufklärung und Hochfinanz, Hildesheim 2007.

Claudia T. Prestel, Frauen und die Zionistische Bewegung (1897-1933). Tradition oder Revolution?, in: HZ 258 (1994), S. 29-71.

Dies., Uneheliche Kinder und ledige Mütter in der jüdischen Gemeinschaft im 20. Jahrhundert. Eingliederung oder Ausschluss? Ein Beitrag zur deutsch-jüdischen Frauengeschichte, in: L'Homme. Zeitschrift für Feministische Geschichtswissenschaft 2 (1994), S. 81-101.

Dies., Frauenpolitik oder Parteipolitik. Jüdische Frauen in innerjüdischer Politik in der Weimarer Republik, in: Archiv für Sozialgeschichte 37 (1997), S. 121-155.

Dies., Feministische und zionistische Konstruktionen der Geschlechterdifferenz im deutschen Zionismus, in: Andrea Schatz/Christian Wiese (Hg.), Janusfiguren. »Jüdische Heimstätte«, Exil und Nation im deutschen Zionismus, Berlin 2006, S. 125-148.

Monika Preuss, Gelehrte Juden. Lernen als Frömmigkeitsideal in der Frühen Neuzeit, Göttingen 2007.

Sibylle Quack, Zuflucht Amerika. Zur Sozialgeschichte der Emigration deutsch-jüdischer Frauen in die USA 1933-1945, Bonn 1995.

Dies., Jüdische Frauen in den dreißiger Jahren, in: Kirsten Heinsohn/ Barbara Vogel/Ulrike Weckel (Hg.), Zwischen Karriere und Verfolgung. Handlungsräume von Frauen im nationalsozialistischen Deutschland, Frankfurt a. M. 1997, S. 111-128.

Till van Rahden, Mingling, Marrying, and Distancing. Jewish Integration in Wilhelmian Breslau and its Erosion in Early Weimar Germany, in: Wolfgang Benz/Arnold Paucker/Peter Pulzer (Hg.), Jüdisches Leben in der Weimarer Republik - Jews in Weimar Germany, Tübingen 1998, S. 197-222.

Walther Rathenau, Staat und Judentum. Eine Polemik, in: ders., Gesammelte Schriften 1, Berlin 1918.

Monika Richarz, Überlebensstrategien jüdischer Frauen im Nationalsozialismus, in: Angelika Brimmer-Brebeck/Martin Leutzsch (Hg.): Jüdische Frauen in Mitteleuropa. Aspekte ihrer Geschichte vom Mittelalter bis zur Gegenwart, Frankfurt a. M. 2008, S. 175-199.

Sylvia Rogge-Gau, Institutionelle Selbstbehauptung von jüdischen Frauen am Beispiel des Jüdischen Frauenbundes 1933-1938, in: Christl Wickert (Hg.): Frauen gegen die Diktatur. Widerstand und Verfolgung im nationalsozialistischen Deutschland, Berlin 1995, S. 74-79.

Frauke von Rohden, »Für Frauen und Männer, die wie Frauen sind«. Weibliche und männliche Verhaltensideale im Brantshpigl des Moses Henoch Altschul, in: Michael Brocke/Aubrey Pomerance/Andrea Schatz (Hg.), Neuer Anbruch. Zur deutsch-jüdischen Geschichte und Kultur, Berlin 2001, S. 175-190.

Stefan Rohrbacher, Gewalt im Biedermeier, Antijüdische Ausschreitungen in Vormärz und Revolution (1815-1848/49), Frankfurt a. M. 1993.

Miriam Rürup, Ehrensache. Jüdische Studentenverbindungen an deutschen Universitäten, 1886-1937, Göttingen 2008.

Gotthold Salomon, Selimas Stunden der Weihe. Eine moralisch-religiöse Schrift für Gebildete des weiblichen Geschlechtes, Leipzig 1816.

Andrea Schatz/Christiane E. Müller (Hg.), Der Differenz auf der Spur. Frauen und Gender in Aschkenaz, Berlin 2004.

Claudia Schoppmann, Im Untergrund. Jüdische Frauen in Deutschland 1941-1945, in: Barbara Distel (Hg.), Frauen im Holocaust, Gerlingen 2001, S. 189-217.

Stefanie Schüler-Springorum, Die jüdische Minderheit in Königsberg/Pr. 1871-1945, Göttingen 1996.

Dies., Elend und Furcht im „Dritten Reich«. Aus den Akten der Sammelvormundschaft der Jüdischen Gemeinde zu Berlin, in: ZfG 45 (1997), S. 617-641.

Dies., Jugendbewegung und Politik. Die jüdische Jugendgruppe „Schwarzer Haufen«, in: Tel Aviver Jahrbuch für deutsche Geschichte 28 (1999), S. 159-200.

Dies., Die „Mädelfrage«. Zu den Geschlechterbeziehungen in der deutsch-jüdischen Jugendbewegung, in: Beate Meyer/Marion Kaplan (Hg.): Jüdische Welten, Göttingen 2005, S. 136-154.

Christoph Schulte, Die Jüdische Aufklärung. Philosophie, Religion, Geschichte, München 2002.

Marion Schulte, Über die bürgerlichen Verhältnisse der Juden in Preußen. Ziele und Motive der Reformzeit (1787-1812), Berlin 2014.

Jacob Segall, Die berufliche und sozialen Verhältnisse der Juden in Deutschland, Berlin 1912.

Daniel Siemens, Konzepte des nationaljüdischen Körpers in der frühen Weimarer Republik, in: ZfG 56 (2008), S. 30-54.

Rudolf Stahl, Probleme jüdischer Jugendbewegung, in: Der Morgen, Juni 31, S. 136-148

Irene Stratenwerth, Der gelbe Schein. Mädchenhandel 1860-1930, Bremerhaven 2012.

Stephanie Tauchert, Jüdische Identitäten in Deutschland. Das Selbstverständnis von Juden in der Bundesrepublik und der DDR 1950 bis 2000, Berlin 2007.

Felix A. Theilhaber, Der Untergang der deutschen Juden. Eine volkswirtschaftliche Studie, München 1911.

Shulamit Volkov, Die Jüdische Gemeinde in Altona 1877-1890. Ein demographisches Profil, in: Hans-Jürgen Puhle/Klaus Tennfelde/Jürgen Kocka (Hg.), Von der Arbeiterbewegung zum modernen Sozialstaat, München 1994, S. 601-618.

Daniel Wildmann, Der veränderbare Körper. Jüdische Turner, Männlichkeit und das Wiedergewinnen von Geschichte in Deutschland um 1900, Tübingen 2009.

Kim Wünschmann, Die Konzentrationslagererfahrungen deutsch-jüdischer Männer nach dem Novemberpogrom 1938, in: Susanne Heim/ Beate Meyer/Francis R. Nicosia (Hg.), »Wer bleibt, opfert seine Jahre, vielleicht sein Leben«. Deutsche Juden 1938-1941, Göttingen 2010, S. 39-58.

Dies., Before Auschwitz. Jewish Prisoners in the Prewar Concentration Camps, Cambridge 2015 (im Druck).

Moshe Zimmermann, Die deutschen Juden 1914-1945, München 1997.

Ders., Deutsche gegen Deutsche. Das Schicksal der Juden 1938-1945, Berlin 2008.

Personenregister